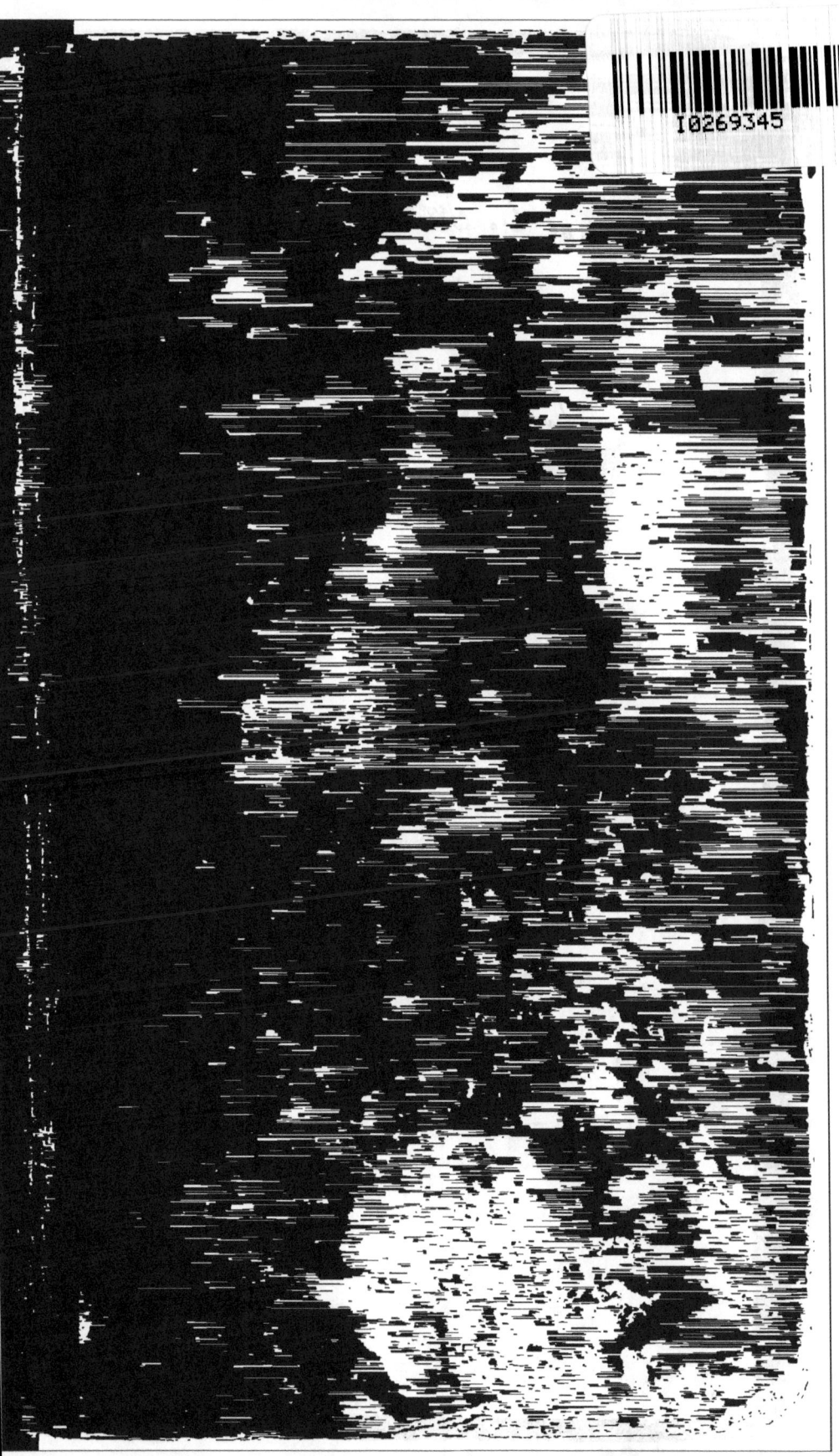

n° 653

par G. Imbert ex Bénédictin –
2ᵈᵉ Édition

La 1ʳᵉ Édition est de 1785

LA CHRONIQUE
SCANDALEUSE

OU

MÉMOIRES pour servir à l'histoire de
la génération présente.

―――――

· *Ridebis & licet rideas.*

―――――

Nouvelle Edition, considérablement augmentée & renfermant les anecdotes les plus piquantes que l'histoire secrete des sociétés a offertes jusqu'au 1er Janvier 1785.

TOME PREMIER.

à PARIS,

Dans un coin d'où l'on voit tout.

═══════════

1786.

LA
CHRONIQUE SCANDALEUSE.

Quoi de plus scandaleux que la dispute de M. *Charles* avec M. de *Montgolfier*, pour cette fameuse découverte qui en honorant les sciences a déshonoré quelques-uns de nos savans? Mais cette dispute est un peu du ressort de la Physique. Bornons-nous à rire un moment avec le Marquis de *Villette*, qui pour avoir crayonné la plaisanterie suivante n'en est pas moins l'admirateur des Ballons aërostatiques & de leur inventeur. Il fait parler un adepte.

„ J'ai six mille ans, & certainement je
„ n'ai pas l'air d'en avoir plus de deux
„ mille. Vous n'en serez point étonnés,
„ en apprenant que je dois mon grand
„ âge au grand-œuvre. J'ai fait, en ma
„ vie, quelques éleves qui me font hon-
„ neur, *Hermès* en *Égypte*, *Nicolas*
„ *Flamel* à *Paris*, & de vos jours, le
„ Comte de *Cagliostro*. J'ai tant vécu,
„ j'ai tant vu de choses, qu'en vérité
„ l'espece humaine m'étoit devenue en-

» tiérement indifférente. Il ne falloit rien
» moins que ce qui se passe aujourd'hui,
» pour me tirer de mon apathie, pour
» me forcer de parler. »

» Je ne puis donc dissimuler la peine
» que me fait l'enthousiasme avec lequel
» je vois le public accourir à vos expé-
» riences *aërostatiques*. Autant vous êtes
» épris de l'amour des nouveautés, au-
» tant j'en suis l'ennemi. J'ai bien lu,
» j'ai bien médité votre *Jean-Jacques*;
» & lorsqu'il déclame contre les scien-
» ces humaines, contre les connoissances
» acquises, certes il a grandement rai-
» son. »

» Le premier âge dont vous ayez le
» souvenir, est l'*âge d'or*. Alors aban-
» donnés à la bonne nature, les hommes
» s'étayoient de tous les appuis qu'elle
» leur fournit; ils marchoient à quatre
» pattes. »

» Mille ans après, je fus témoin d'une
» étonnante révolution. Je vis un no-
» vateur afficher par-tout qu'il vouloit
» marcher à deux pattes; qu'il prendroit
» seulement la précaution de s'entourer
» la tête d'un bourrelet, & de se faire
» tenir par des lisieres; qu'ensuite on
» couperoit les lisieres, & qu'il courroit
» à *corps perdu*. Vous croyez bien qu'il

„ eut tout le monde contre lui ; on s'é-
„ crioit : cet homme trompe le public,
„ il ne partira pas, ou s'il part, il se caf-
„ fera le nez. „

„ On prend jour pour l'expérience.
„ Grande affluence de spectateurs : nous
„ voilà tous accroupis sur les talons, &
„ les yeux levés. L'inventeur se présente
„ avec la sécurité d'un homme sûr de
„ son fait. Le succès ne répondit que trop
„ à son audace : on sait ce qu'il en ré-
„ sulta : on l'a imité de toutes parts ; les
„ hommes ont parcouru la terre ; les
„ voilà au *siecle d'argent*. „

„ Mille ans après, autre révolution.
„ Un second novateur imagina d'aller sur
„ l'eau, porté seulement dans un ton-
„ neau, en se faisant retenir du rivage
„ par des cordes ; ensuite de faire cou-
„ per les cordes, & de se laisser aller à
„ *tonneau-perdu*. Alors transports, en-
„ gouement de tous ses concitoyens. Cha-
„ cun de s'écrier ; il ne partira pas, ou
„ s'il part, il se noyera. „

„ Pour jouir d'un aussi brillant specta-
„ cle nous accourons en foule sur les
„ bords d'une grande riviere. L'audacieux
„ Physicien tint parole. Il part aux accla-
„ mations d'une multitude immense, &
„ se laisse intrépidement emporter par

» le courant, à plus de dix toises au
» loin. L'ivresse est générale : on le cou-
» ronne de lauriers & on le porte en
» triomphe chez lui. Ce malheureux es-
» sai d'un seul homme fut un trait de
» lumiere pour tous les autres. Ils ap-
» prirent bientôt à dompter un nouvel
» élément ; ils trouverent de nouvelles
» jouissances, & furent au *siecle de cui-*
» *vre.* »

» Mille ans après, vinrent ce que vous
» appellez les temps héroïques de la *Gre-*
» *ce. Hercule*, sur un canot, osa péné-
» trer jusqu'au bout de la *Méditerranée;*
» & là, tout fier de son voyage, vou-
» lant éterniser lui-même le souvenir
» d'une action inouïe, il pose au beau
» milieu du jardin des *hespérides*, deux
» colonnes avec cette inscription : *Nec*
» *plus ultra.* Oh ! pour le coup, je défie
» les hommes d'aller plus loin. Nouvelle
» fermentation dans les esprits : le com-
» merce enfante la marine. Les peuples
» trafiquent entre eux, de tout ce qui
» tient aux douceurs de la vie, aux illu-
» sions du luxe. Voilà les hommes cou-
» verts de pourpre & d'or, & les voilà
» au *siecle de fer.* »

» Trois mille ans après, un Génois,
» honteux de ce que l'on n'avoit encore

« fait que louvoyer autour des trois par-
» ties du monde connu, entreprit lui
» seul de franchir le vaste océan. Même
» surprise, même incrédulité ; murmure
» général. On s'écrioit : il ne partira pas,
» ou s'il part il ne reviendra point. »

« Le ciel ne le punit que trop de sa
» hardiesse. Il eut la gloire de décou-
» vrir, de créer, pour ainsi dire, un nou-
» vel univers ; dès-lors un vaisseau est
» devenu la boëte de *Pandore*, d'où
» sont sortis le sucre des *Isles*, le *Moka*
» de l'*Arabie*, les mousselines des *Indes*,
» les Perles d'orient, les diamans de *Gol-*
» *conde*, les trésors du *Pérou*. Quel nom
» donner au siecle qui a produit tant de
» fléaux ? »

« Jusque-là, vous en conviendrez,
» les choses vont évidemment de mal
» en pis. C'est donc en tremblant que
» je vois ouvrir une nouvelle carriere au
» génie. Vous voilà parvenus à vous en-
» lever par deux procédés différens, à
» deux lieues, à dix lieues : demain
» vous allez rendre l'air aussi navigable
» que l'eau : demain vous allez parcou-
» rir toute l'atmosphere. Plus heureux &
» non moins téméraires que *Cook*, vous
» ne serez point arrêtés par les barrieres
» de glaces éternelles que lui opposoient

« les mers du midi : vous volerez aux
» terres auftrales. Qu'efpérez-vous dans
» un monde plus grand que votre *Eu-*
» *rope ?* non contens d'avoir trouvé les
» rubis, les topafes, les faphirs, les éme-
» raudes dans l'eau condenfée, croyez-
» vous trouver la lumiere cryftallifée dans
» de nouvelles régions ? »

» Ah ! croyez-moi : brifez vos globes,
» n'emprifonnez point *l'air inflammable*
» loin des fpheres où Dieu l'a placé.
» Brûlez vos journaux, anéantiffez bien
» vite tous les monumens de ce beau fe-
» cret. Renverfez auffi vos aiguilles élec-
» triques ; laiffez faire au tonnerre tout
» ce qu'il lui plaira ; & fi vous ne vou-
» lez pas mettre le comble à vos fottifes,
» empêchez fur-tout que l'on *paffe les*
» *rivieres à pied fec.* »

La belle découverte que le Marquis de
V... rappelle ici, eft tombée au fond de
l'eau avant de parvenir à fa furface. Quand
une fois les efprits font difpofés à la crédulité, on peut hardiment annoncer les
merveilles les plus furprenantes, avec la
certitude de faire aifément des dupes. C'eft
ce qu'un M. de *Combles* de *Lyon* a probablement voulu démontrer en faifant im-
pudemment annoncer l'expérience dont il
s'agit : de *marcher à pied fec fur l'eau;*

ce qui s'eſt trouvé n'être rien de plus qu'un beau rêve. Ce M. de *Combles*, quoique, dit-on, ancien magiſtrat, a ſans doute cru fort poli, fort ſenſé, fort plaiſant d'exciter une diverſion à la ſenſation qu'a fait la nouveauté des *Globes aſcendans*, en captivant, par une adroite impoſture, ce qu'en peut dire la cour & la ville. Soit pique, ſoit raiſon, nous trouvons ici ce M. de *Combles* fort bête, fort ſot & fort impertinent. Non-ſeulement les *deux cens louis d'or* qu'il demandoit pour ſon prétendu méchanicien, Horloger, l'attendoient, mais le double & plus, tant on eût deſiré de récompenſer l'auteur d'une invention ſi curieuſe & ſi intéreſſante.

Veſtris ſi juſtement appellé, quoiqu'on en diſe, le *Dieu de la Danſe*, a fait véritablement ce que nos *roués* appellent, une *fin*: c'eſt-à-dire, de ſe marier. Mlle. *Heinel* lui tenoit au cœur depuis longtemps. Etoit-ce pour l'avoir *ſouffletée* en plein théâtre, il y a quelques années? étoit-ce parce qu'il s'en étoit vu dédaigné? Quoi qu'il en ſoit, *Veſtris* n'avoit pu la voir paſſer ſans concupiſcence dans les bras d'un Rival. Ce rival étoit *Fierville*, autre danſeur françois fixé depuis long-temps à *Londres* où ſon talent, mais particuliérement son caractere romanesque lui ont acquis la considération & la fortune. Mlle. *Heinel*, y étant allée, fixa tellement l'admiration des Anglois, que plusieurs Milords porterent l'enthousiasme jusqu'à lui proposer *deux & trois mille Guinées* pour coucher avec elle, ce qu'elle rejetta dédaigneusement. Au-lieu de *Guinées*, *Fierville* offrit son cœur à cette moderne *Laïs* ; & son offre fut acceptée. Mais ce ne fut point de leur part une simple amourette, & le *conjungo* fut prononcé à la face des autels. Quelques années s'écoulent : la satiété survient, *Vestris* arrive, & fait enfin oublier son offense par l'hommage de son amour. Madame *Fierville* (Mlle *Heinel*) fait ses arrangemens en *Angleterre*, & vient rejoindre son nouvel amant à *Paris*, où elle lui a de nouveau donné sa foi conjugale à la face des autels, en attendant, sans doute, qu'un autre séducteur l'arrache de ses bras. Qu'une femme soit infidelle & perfide, *ce n'est rien*, vous diront nos gens du monde, mais qu'elle soit *Marâtre*, qu'oseront-ils répondre ? C'est pourtant le cas de Mlle. *Heinel*, par son divorce avec *Fierville*. Elle a abandonné un enfant, fruit de ce mariage, qui, par la fatalité de ces circonstances, se trouve sans existence positive dans la Société. Il est heureux pour lui & ses pareils, qu'une philosophie sage & bienfaisante les légitimes comme *hommes*, aux yeux de cette nation libre & éclairée. O *France!* quand daigneras-tu suivre un si bel exemple?

Il s'est passé vers la fin de 1883 une scene affreuse dans la rue *Michel le Comte*. Une espece de moine défroqué, se présente chez un portier de sa connoissance, accompagné d'un jeune savoyard qui lui portoit un petit paquet. Il demande la permission d'écrire une lettre dans une chambre quelconque de la maison. On lui donne une clef, il monte, & son commissionnaire le suit. Entré dans l'appartement, son premier soin est d'en fermer la porte, pour accomplir l'infâme projet qu'il avoit conçu, d'assouvir sa brutalité sur ce jeune homme. Trouvant résistance, sa fougue devient rage, frénésie, fureur; il porte à ce malheureux plusieurs coups de couteau, tant à la tête que dans les reins, & néanmoins à l'atrocité révoltante de se prostituer sur cette sanglante victime. Il fait plus, & voilà ce qui comble la mesure, & ce que sans doute l'on aura peine à croire, il porte la scélératesse jusqu'à voler à cet infortuné 38 fols qu'il trouva dans fa poche : mais tant de forfaits font au-deffus des forces humaines ; fa tête fe trouble ; il defcend chez la portiere pour laver fes mains teintes de fang. Son air effaré alarme, effraye ; il veut fuir, mais il eſt arrêté. La conviction de fes crimes étoit manifeſte, auſſi fon fupplice a-t'il fuivi de près. Mais, grand Dieu ! pour de tels monſtres, quels fupplices pourroient fatisfaire la vindicte publique, & impofer affez de terreur à leurs pareils ?

Il eſt difficile d'expliquer s'il y a plus de génie que de folie dans le projet que le Docteur *Graham* vient d'exécuter à *Londres*. Quoi qu'il en foit, le myſtere aiguillonnant partout la curiofité & la fingularité ayant eu des prôneurs dans tous les fiecles, on peut préfumer que cette entreprife lui affurera une brillante fortune. Voici la defcription de fon établiſſement.

TEMPLE DE LA SANTÉ.

Le Docteur *Graham* a décoré de ce nom un vaſte *Hôtel*, fitué dans la rue de Pall-mall, près du Palais du Roi. L'entablement eſt orné de trois figures, *Venus* ayant à fes côtés *Minerve* & *Junon*.

Au-deſſous on lit les inſcriptions ſuivantes : Le Temple de la Santé, le Bonheur des Monarques, la Richesse des Pauvres. Plus bas on apperçoit la Statue qu'il a dédiée à *Eſculape*, & enfin on lit ſur la porte : *Point de Garde ne veille à cette porte, afin d'en laiſſer l'entrée au riche comme au pauvre.* Cependant malgré cette inſcription, deux hommes de la plus grande taille, revêtus d'une longue robe & garnis d'une cuiraſſe, ſur laquelle eſt écrit : Temple de la Santé, ne laiſſent entrer aucune perſonne qu'elle n'ait payé *6 liv. ſt.*

A peine a-t'on poſé le pied droit ſur le premier degré de l'eſcalier, qu'on entend une muſique harmonieuſe, compoſée d'inſtrumens à vent, qui ne parvient à l'oreille qu'à travers des ouvertures pratiquées & cachées dans l'eſcalier, & que des parfums des plus ſuaves viennent flatter l'odorat juſqu'à l'entrée d'un magnifique ſallon, deſtiné à des lectures, par leſquelles le Docteur prétend rendre nulle la *ſtérilité*, quoiqu'il n'ait jamais eu d'enfans. Malgré qu'il ne gaze en aucune maniere les termes qui ont rapport à cette branche d'anatomie, les dames comme les hommes y accourent en foule & l'entendent ſans ſcrupule.

Intérieur du Temple.

L'intérieur des palais des fées n'a jamais rien offert des plus recherché & de plus majestueux. Les guirlandes, les miroirs, les cryftaux, les métaux dorés & argentés y font placés avec profufion & y réfléchiffent de toutes parts une lumiere éblouiffante.

La mufique précede chaque lecture, depuis cinq heures jufqu'à fept, que le D. *Graham* fe préfente fous la robe & le ton Doctorals; à l'inftant fuccede un filence qui n'eft interrompu à la fin de la lecture que par une commotion électrique communiquée à toute l'affemblée, à l'aide des conducteurs cachés fous les tapis qui recouvrent toutes les banquettes. Tandis que les uns fe moquent de l'étonnement des autres, on voit paroître un *Efprit* qui fort de deffous le plancher de la falle; c'eft un homme d'une taille gigantefque, maigre & blême, qui, fans dire mot, remet au Docteur une bouteille de liqueur qui, après avoir été préfentée à la Compagnie, difparoit avec l'*Efprit*.

A cette étrange apparition, fuccede fous la figure de la Déeffe de la Mufique, une jolie femme qui, après avoir chanté quelques morceaux, s'éclipse à son tour.

Le D. *Graham* ayant achevé sa lecture, les contribuables se retirent sans oser regretter les six guinées qu'ils ont sacrifiées à un spectacle aussi extraordinaire.

Avant les séances, le Docteur offre au public de faire dissiper la mélancolie & la trop grande gaîté : en un mot, c'est l'Electricité communiquée par des barreaux aimantés, qui a établi depuis plusieurs mois la réputation du Docteur *Graham*, & l'on ne peut disconvenir qu'il a eu quelque succès.

Mais tous ces détails ne sont qu'accessoires à son établissement : un lit des plus somptueux en damas brodé, soutenu par quatre colonnes de cryftal en spirales, chargées de fleurs en guirlandes de métal doré, en devient la base; & moyennant cinquante louis, le D. *Graham* assure aux jeunes gens comme aux vieux époux, qu'ils y obtiendront un rejetton de leur nom.

De quelque côté qu'on monte dans le lit appellé *lit céleste*, on entend un orgue qui est bien à l'unisson avec trois autres & une agréable musique dont les airs variés transportent les époux dans les bras de *Morphée*. Pendant près d'une heure que dure ce dernier concert, on apperçoit dans le *lit*, des ruisseaux de lumiere qui éclairent principalement les colonnes. A l'heure du lever, notre magicien vient tâter le pouls des *Croyans*, leur donne à déjeûner & les congédie remplis d'espérance en leur recommandant de lui faire des prosélytes...

On a établi dans tous les environs de *Paris*, la fête de la *Rosiere*, & jamais les mœurs n'y ont été si corrompues. Derniérement à *Romainville*, cette fête s'est célébrée en grande pompe, mais devant qui & par qui ? En présence de tout ce qu'on nomme les *Roués* de *Paris* & leurs dignes compagnes. Alloient ils là pour donner à la *Rosiere* l'exemple du vice ou pour recevoir d'elle l'exemple de la vertu ? Cette fondation n'auroit elle d'autre inconvénient que d'attirer les curieux de la ville, il suffiroit pour prouver qu'elle est plus nuisible qu'utile aux mœurs. Mais encore une fois, l'intention des Fondateurs est pure, & je n'ai garde de les blâmer : je les plains seulement. M. le Duc *** a fait 200 liv. de rente viagere à la derniere *Rosiere* de *Romainville*. J'ignore les raisons qu'il a eues pour cela. On dit qu'il en est le parrain, mais il se pourroit qu'il ait suivi le conseil d'un de ses Médecins, auquel il aura dit : — *Docteur, je m'en nuye.* — *Mgr., faites du bien.*

Mad. la Marquise de *Valory*, ayant eu, l'année derniere, une affaire pendante au *Châtelet* contre un avocat nommé *Courtin*, celui-ci mit si adroitement ses confreres dans ses intérêts que sa cause devint la leur. Ils se liguerent tellement contre la Marquise, qu'elle fut obligée de recourir à un jeune Avocat, peu exercé, mais qui eut le courage de prêter son ministere, malgré les invectives & les huées dont ses confreres l'accablerent. L'affaire étant à la Cour, la Marquise de *Valory* a donné un *Mémoire* signé d'elle, suivi d'une *Consultation* de M. *Maultrot*, Avocat au Parlement. Dès que cette *Consultation* a paru, la cabale a fait éclater son indignation contre cet estimable & savant jurisconsulte : elle a demandé une assemblée pour y dénoncer son *Ecrit*, & à la pluralité des voix, il a été arrêté qu'on lui donneroit un *Veniat* pour rendre compte de sa conduite. Cette démarche humiliante eût été pour M. *Maultrot*, une espece de flétrissure indigne des principes stoïques qu'il a toujours professés ; aussi, plutôt que de s'y soumettre, a-t-il pris le parti de l'honneur, en répudiant un *Corps* qu'il méprife. On en peut juger par les deux lettres qu'il a adreffées au Bâtonier des Avocats & qui ont circulé dans le public.

La trahifon eft toujours un crime odieux ; mais il eft des circonftances qui la rendent plus ou moins révoltante. Celle qui, par une juftice du ciel, vient d'occafionner l'emprifonnement d'un curé de campagne, à la *conciergerie*, fait frémir d'indignation. Un malheureux déferteur s'étoit retiré chez lui dans l'efpoir d'y trouver un refuge inviolable : il lui fait l'aveu de fa fituation, réclame la charité qu'il a droit d'attendre d'un Pafteur de la religion & s'abandonne à fa bienfaifance & à fes confeils. Le curé femble s'intéreffer à fon fort, lui promet de fonger aux moyens de le fauver, & le cache dans un coin de fa maifon. Le Déferteur veut y goûter la tranquillité ; mais il éprouve malgré lui la vérité de ce qu'a dit le prince & le philofophe des poëtes : *Que tout coupable eft timide* ; & c'eft en vain qu'il invoque les douceurs du fommeil. Au milieu des ténebres il entend des gémiffemens & des imprécations. Le cœur lui bat, il fe leve fur fon féant, écoute avec inquiétude &

s'assure que ce n'est point une terreur panique, mais bien une réalité. Les plaintes & les cris redoublent, son agitation s'accroit, il se leve avec effroi & va doucement vers l'endroit d'où ils paroissoient venir. Il en approche en effet & reconnoît la voix de son hôte & celle d'une femme dans les douleurs de l'enfantement. Quelle fut sa surprise, ou plutôt le désordre de ses sentimens, d'entendre cette mere gémir sur le sort de l'infortunée créature qu'elle alloit mettre au jour, tandis que ce prêtre barbare lui témoignoit la nécessité de le lui ravir aussi-tôt. *J'en ferai comme des autres*, lui disoit-il avec férocité. Saisi d'horreur le malheureux déserteur se retire à petit bruit & n'ose se permettre de voir l'issue de cette scene criminelle. Il doute cependant & ne peut entiérement renoncer à la cruelle conviction de cette atrocité. Rentré dans son réduit, il prête une oreille attentive, & bientôt il croit reconnoître le moment de l'enfantement. Il ne tarde pas ensuite à entendre une porte s'ouvrir & le curé sortir : profitant d'une lucarne qui donnoit sur le jardin, il juge à la marche & au bruit qu'il y entend que c'est là qu'est déposée l'innocente victime. Rempli d'horreur pour l'indigne scélérat qui lui servoit de bienfaiteur, il attend le matin avec impatience pour s'en éloigner. Il prend néanmoins toutes les précautions nécessaires pour ne point troubler sa sécurité. Il le prie de lui donner une marche & des recommandations pour la suivre sans danger. Le curé soupçonnant peut-être la cause de cette résolution subite & sentant la nécessité de se défaire d'un individu aussi inquiétant, résolut de le perdre. Il feignit de condescendre à ses desirs & lui dit qu'il pouvoit se rendre à tel bourg prochain, qu'il le chargeroit d'une lettre pour le Brigadier de maréchaussée qui y résidoit, qu'il le lui recommanderoit comme un paroissien, & le prieroit de lui donner un passeport. Cet appas étoit séduisant, le soldat l'accepta avec joie & partit. Il arrive chez le Brigadier, lui présente la lettre de son Patron, & se croit déjà muni d'un Passeport qui va le conduire aux extrêmités de la *France*. Il étoit loin de penser que cette prétendue recommandation n'étoit qu'un prétexte à la délation la plus perfide. Le Brigadier reçoit la lettre, la lit, regarde avec étonnement le porteur & lui demande, *s'il est en effet le nommé* Tel? -- *Oui* M. -- *Venant de chez le curé* Tel -- *Oui*, M. -- *Eh bien, mon ami, je vous le dis à regret; mon devoir m'oblige de vous arrêter comme déserteur : ce curé Tel vous dénonce à mon ministere.* Confondu d'une aussi noire trahison, le malheureux balance quelque temps entre la reconnoissance & son indignation ; mais déterminé par l'espoir de se sauver en démasquant un traître si digne de la sévérité des loix, il raconte au Brigadier l'étrange aventure dont le hasard l'avoit pour ainsi dire rendu le témoin oculaire. L'officier rassemble à l'instant sa cohorte, vole chez l'indigne pasteur, s'en saisit, constate les faits, laisse un gardien à sa malheureuse complice, & consigne en prison l'odieux scélérat qui dans un même jour avoit commis les plus abominables de tous les crimes, ceux de *traître délateur* & *d'infanticide*. Son procès, dit-on, s'instruit ; mais on peut parier à coup-sûr qu'il n'en résultera, tout au plus, que le séquestre de ce monstre. On ne manquera pas de parler pour l'honneur du corps, peut-être pour l'honneur de la religion, comme si le plus bel attribut de l'honneur & de la religion ne devoit pas être de contribuer à l'épurement de la société par le maintien & l'exécution *indistinctive* des loix.

Cette inégale efficacité des loix donne beau jeu aux personnages qui se croyent certains de l'impunité & dont l'impudence, par cette raison, est presque toujours le partage. Un illustre par ses titres & par ses cordons, se présenta un jour chez son bijoutier ordinaire : *Je voudrois*, dit-il, *une belle boîte de fantaisie.* On se prosterne, on s'empresse, on étale tout ce que le goût a de plus exquis. Monseigneur parcourt avec convoitise cet assemblage d'or; il voudroit de tout son cœur s'en emparer : mais le moyen d'y parvenir : *Qui trop embrasse mal étreint.* Il borne donc pour cette fois ses prétentions à une seule boîte, & il consomme aisément cette petite capture. Il considere celle du plus haut prix, la saisit adroitement après en avoir touché vingt autres avec indifférence, & la met tranquillement dans sa poche. Cette opération faite, Mgr. fait appeler ses gens, monte dans sa voiture, prodigue au marchand les plus galans adieux & le laisse enchanté de son urbanité. Huit jours passent, l'époque de l'inventaire arrive & annonce au marchand la perte de sa Boîte. Qu'est-elle devenue; il se casse la tête en vain pour le deviner? lorsqu'un beau jour Mgr. arrive & la lui présente, en lui disant : *cette Boîte m'ennuie depuis long-temps ; je veux m'en défaire : vaut-elle bien cinquante louis!* -- Oui, M., répond le Marchand tout ébahi de revoir sa chere boîte, & confondu de l'aisance hardie avec laquelle on s'en arrogeoit la propriété & la valeur. Le mot étoit lâché & le pauvre Marchand donne les cinquante louis. Il dévoroit intérieurement son indignation, sachant trop bien qu'en vain il s'adresseroit aux tribunaux, qu'en vain il y porteroit sa réclamation, n'ayant que trop d'exemples récens qu'un grand parvient toujours non-seulement à se justifier, mais encore à faire punir quiconque a légitimement suspecté sa bonne foi.

Les gens les plus sérieux par état s'amusent à *Paris* à faire de ces plaisanteries de société qu'on appelle *Myſtifications*, depuis que feu *Poinſinet* d'innocente mémoire en a été l'objet. L'abbé *Arnaud* de l'Académie françoise a supposé qu'un jeune homme de province avec lequel il est en correspondance doit venir se perfectionner à *Paris*, dans la culture des lettres, qu'en conséquence il se propose d'y voir les gens de l'art les plus distingués & entr'autres M. le Chevalier de *Mouhy* dont il a conçu la plus grande opinion sur ses romans : (vous connoissez de réputation le Chevalier de *Mouhy*; c'est après le Chev. *du Coudray* l'être le plus ridicule comme Auteur.) Le prétendu jeune homme, pour commencer la connoissance, a envoyé à l'abbé *Arnaud*, des stances à la louange du Chevalier, & les voici. L'abbé *Arnaud* lui-même les a faits & les a lus à l'idole crédule.

> Un des plus grands avantages
> Dont le siecle ait joui :
> C'est d'avoir vu les ouvrages
> Du *Chevalier de Mouhy*.

(Ici le Chevalier trouve de la facilité.)

> Ils respirent la Noblesse ;
> L'esprit en est ébloui.
> Non : nul auteur n'intéresse
> Comme *Monsieur de Mouhy*.

Ah! dit le Chevalier en se rengorgeant modestement, votre jeune homme est trop honnête.

> L'on prétend qu'il n'est point d'homme
> Qui n'ait quelquefois menti,
> Mais personne ne ment comme
> Le *Chevalier de Mouhy*.

Comment ? Qu'est-ce que cela veut dire ? Est-ce que l'on se moque de moi ? — Patience, M. le Chevalier. --- Non,

M.

M. l'Abbé, je n'écouterai pas davantage cette impertinence. L'Abbé continue :

>Le bon goût, l'adresse extrême
>Dont chaque ouvrage est rempli,
>Font préférer au vrai même
>Les mensonges de *Mouhy*.

Qu'entens-je ? c'est charmant ! Quelle louange délicate & quelle adresse pour l'amener? avoir l'air de dire une injure, & faire un compliment?

>Du pays qui m'a vu naître
>Je ne suis jamais sorti,
>J'en sortirai pour connoître
>Le Chevalier de *Mouhy*.

Eh, qu'il ne se dérange pas; il me connoît de réputation, cela suffit. Je serai pourtant charmé de voir ce jeune homme là; il promet.

>Taille noble & jambe fine,
>Oeil brillant & réjoui;
>Voilà comme j'imagine
>Le *Chevalier de Mouhy*.

(Ici le Chevalier ne dit mot, parce qu'il est vieux, boiteux & bossu.)

>Qu'il doit inspirer d'alarmes
>A tout amant, tout mari !

Comment résister aux charmes
Du *Chevalier de* Mouhy !

Dans ma jeunesse comme un autre, mais avec l'âge on se range. D'ailleurs il faut de la morale, & l'adultere n'en est pas.

> Puissent donc les destinées
> Conserver gras & fleuri.
> Pendant de longues années,
> Le *Chevalier de* Mouhy !

Ici finit la mystification qui a beaucoup fait rire aux dépens du bonhomme.

Si les passions sont la source des vertus, elles n'en ont pas moins des effets souvent terribles, & des suites funestes. Un riche Agriculteur des environs de *Meaux*, vient de nous en donner un nouvel & bien triste exemple. Lié très-particuliérement depuis plusieurs années avec une femme du canton, quelques motifs de jalousie lui ont fait tramer le projet de vengeance le plus noir & le plus barbare. L'ayant un jour attirée dans les champs, il coupe une forte branche d'épine, l'émonde & l'affile par le bout. Profitant de l'isolement où il se trouvoit avec elle, & de la condescendance avec laquelle elle se prêtoit à ses feintes & perfides caresses, au lieu des plaisirs de l'amour, il lui fait éprouver les tourmens du martyre le plus cruel, & l'empale. Cette malheureuse créature, trouvée quatre heures après, dans les dernieres angoisses de la mort, n'a pu procurer aucun indice contre son bourreau; mais il fut soupçonné. Arrêté, questionné, il a avoué son crime, & vient de l'expier sur l'échaffaut. Envain sa famille a-t-elle offert des sommes pour l'y soustraire, l'argent, cette fois, n'a pu prévaloir contre les loix ni contre la vindicte publique.

Un Peintre dégoûté de la vie fait le projet de se tuer. Il appelle son domestique : Tiens, lui dit-il en lui donnant une cassette, je ne veux pas mourir sans te faire du bien; vas vendre tous mes bijoux & fais-toi une rente viagere de l'argent qui en proviendra. Le pauvre domestique plus attaché à son maître qu'à la fortune, pleure & supplie son bienfaiteur de reprendre ses dons & de vivre; mais ses efforts sont vains, il est poussé hors de la chambre avec la cassette. N'ayant point de temps à perdre, il s'éloigne & court déposer chez un ami dont il est sûr, ce qu'on l'a forcé de garder malgré lui. Il revient promptement sur ses pas; il voit à la porte de la maison le peuple assemblé & la Maréchaussée qui traîne un cadavre. Il ne doute point que ce ne soit son malheureux maître; il veut le secourir; il soutient que ses plaies ne sont point mortelles, mais la justice a des formes à remplir, & les formes s'opposent à tout ce qu'il demande. La Loi d'abord, ensuite l'humanité. Quelle situation pour le plus tendre & le plus fidele des amis! (car peut-on nommer autrement l'homme capable du dévouement le plus sublime?) Mon maître n'est pas mort, s'écrie-t-il encore une fois, & mon maître n'est pas coupable de *Suicide*; c'est vous qui l'assassinez si vous ne le secourez; c'est vous qui serez coupables si vous le condamnez au supplice infame de ceux qui s'assassinent eux-mêmes: Connoissez l'auteur du crime.... C'est moi; c'est moi.... On l'arrête, on l'entraîne aux pieds des Juges qui le confrontent avec le corps, mais ce corps examiné avec plus d'attention, quoiqu'immobile, ne semble pas tout-à-fait inanimé; les Chirurgiens sondent les plaies & ne les trouvent pas mortelles; on espere, on voit l'heureux progrès des secours administrés, & si le malade n'a pas encore, au bout de plusieurs jours, articulé une seule parole, il parlera pourtant, & l'on compte sur le moment attendu. Cependant, contre toute vraisemblance, on condamne le Domestique au supplice des assassins, & il sera exécuté dès que la voix sera rendue à son maître. Elle lui est rendue, il demande son fidele *Jacques*. On le croit dans le délire, on ne lui répond pas. --- Qui donc a pu me sauver, s'écrie-t-il, si ce n'est *Jacques* ; où est-il ?... On le lui amene enfin, mais enchaîné. -- Que vois-je, celui qui refusoit ma fortune, qui me conjuroit de vivre !... A ces mots le malade s'évanouit ; mais le prétendu coupable est libre, on est certain de sa générosité qu'il avoue, parce qu'il a vu son maître vivant. Il a voulu sauver la vie à ce maître si cher ; il vouloit lui sauver au moins l'honneur au prix de son propre honneur & de sa propre vie. Tous deux ont vécu & sans doute vivent encore.

Croiroit-on que ce trait a été mis sous les yeux de l'Académie & qu'elle a décerné le prix fondé par M. *de Monthion, pour l'action la plus méritoire parmi le Peuple*, à une femme de chambre dont l'attachement pour sa maîtresse, qu'on a voulu récompenser, reposoit, suivant les bruits publics, sur une base honteuse?

Les lettres d'*Angleterre*, en annonçant l'énorme banqueroute de *Taylor*, Directeur de l'opéra de *Londres*, ont fait mention de la conduite assez nerveuse qu'a tenu notre *Théodore* dans cette circonstance. Se trouvant dans les coulisses lors de la nouvelle de cette fatale aventure qui lui ravissoit dans un moment tout le fruit de ses espérances, elle jette d'abord quelques imprécations animées contre *Taylor*, puis prenant sa résolution, se disposoit à présenter une adresse au Public, pour l'informer de sa malencontre. Le Roi, qui étoit présent, craignit que cette démarche n'occasionnât quelque fermentation dans l'assemblée, & fit ordonner à la danseuse de se désister. Sa réponse fut: *qu'elle n'avoit quitté la France que pour se soustraire à des* ORDRES DU ROI; *que dans le pays de la liberté, elle vouloit jouir de ses privileges. Au surplus*, ajouta-t-elle au porteur d'ordre; *dites* à GEORGE *qu'il me paye & je consens à me taire*. Cette proposition n'ayant pas été agréée, *Théodore* continua sa motion & parvint, quoiqu'en assez mauvais anglois, à obtenir beaucoup d'applaudissemens & de promesses.

Le Chevalier R... arriva dans le mois de mars 1783 à *Londres*, & crut pouvoir profiter de l'esprit de coalition qui avoit gagné toutes les têtes sur les bords de la *Tamise* : il s'adresse à celui-même qu'il avoit voulu enlever, il y a dix ans (l'auteur du *Gazetier cuirassé*.) « Donnons-
» nous la main, lui dit-il, il y a ici
» des coquins de griffonneurs que votre
» exemple alleche, tendons nos toiles
» ensemble, & que toutes ces mouches
» qui nous fatiguent viennent s'y prendre. --- Je le veux bien, répond l'homme aux cuirasses, mais je vous préviens que je vais être arrêté pour 60 guinées que je dois à un marchand tapissier. -- A cela ne tienne, dit l'autre, allons-nous-en chez mon Banquier, nous prendrons sur ma lettre de crédit, de quoi faire taire cet importun. Mais avant tout, découvrez-moi qui est l'auteur de cette polissonnerie des *Petits-soupers de l'hôtel de Bouillon*. Ce coquin a écrit deux fois à *Paris*; j'ai lu ses lettres; il faudroit se procurer de l'écriture de tout ce qu'il y a ici de François suspects, afin de confronter. »
Le premier auquel on s'arrêta fut un nommé *Mauriçon* qui, après avoir joué des farces dans quelques Bureaux de *Paris*,

est venu inviter les gens de *Londres* à des *Soliloques* en guise d'Opéra-bouffon à une demi-guinée par tête. Le *Gazetier cuirassé* ne sachant comment s'y prendre pour avoir de son écriture, dit a un certain *la Fite*, de dire à un certain *Jombert*, qu'il y avoit 5 guinées à gagner pour celui qui rapporteroit réponse à une lettre qu'on lui donneroit pour *Mauriçon*. *Jombert* va conter le cas à un certain *Dupuis*, qui se met en tête de gagner les 5 guinées & fabrique sans scrupule l'écriture désirée. Le vieux *G...* satellite de *R...* soupçonne la fraude, & rencontrant un jour le célébre *Philidor* ami de *Mauriçon*, il lui propose l'affaire, persuadé que ce moyen sera plus sûr. — *Volontiers*, lui dit le Musicien, *je vais chercher* Mauriçon, *il écrira sous ma dictée* — Eh non! reprend Goud,... *il ne faut pas que* Mauriçon *sache de quoi il s'agit*. — *Laissez-moi faire*, dit Philidor en se moquant de lui, *je vais vous l'amener*. Pendant ce temps, on distribuoit & l'on affichoit dans les rues de *Londres*, un billet d'alarme pour rendre le Peuple attentif sur les desseins de l'*Inspecteur de Police* de *Paris*. Ce Billet étoit ainsi conçu :

Tocsin contre les Espions françois & avis aux Etrangers qui n'aimeroient pas à aller pourrir à la Bastille.

„ Les braves & généreux Bretons sont
„ avertis qu'il y a ici deux Inspecteurs de
„ la Police de *Paris*, logés dans la cité,
„ & quelques-uns de leurs satellites dans
„ les environs de *S. James*, lesquels font
„ le guet, jour & nuit, munis de bail-
„ lons, de menottes & de poignards, dans
„ le dessein d'enlever & de transporter en
„ *France* les auteurs & Editeurs des trois
„ ouvrages suivans, &c. „

Enfin le temps s'étant écoulé vainement, M. le Comte d'*Adhemar* arrivé à *Londres*, fait venir *R......* " As-tu trouvé ce que tu cherchois, lui a demandé l'*Am-*
„ *bassadeur ? ---* Non, Monseigneur. ---
„ *Eh bien, cela étant, décampe, & qu'a-*
„ *près demain tu ne sois plus à Londres.* „

Lady *Kirley* se trouvant à *Bath* faisoit une partie de Whisk dans une des salles d'assemblée ; des femmes s'étant placées derriere sa chaise se mirent à s'entretenir d'elle en la nommant, & à dire tout ce qu'elles savoient & ce qu'elles ne savoient pas sur son compte. Cette scene qui étoit très-

B 5

plaisante, ne suspendit pas son jeu ; son partner à propos d'un coup, lui demande s'il ne *lui restoit pas d'honneur : en vérité*, répondit lady, *je ne sais pas si ces femmes m'en ont laissé.*

Un plaisant proposoit au Lord *North* dans un moment où le *Budget* l'embarrassoit fort, de mettre une taxe sur les cercueils, objet d'une nécessité indispensable & qui auroit le rare avantage de ne pas faire crier les consommateurs.

Quelques Seigneurs de la Cour de *Vienne* s'étant plaints à l'Empereur, de ce qu'ils ne pouvoient jouir décemment & à leur aise des promenades publiques, parce qu'elles fourmilloient de petite noblesse & de peuple, ils supplierent S. M. I. de faire fermer le *Prater*, & d'ordonner que l'entrée n'en fut permise qu'à des personnes de leur qualité. L'Empereur surpris de cette demande leur répondit : *Si je ne voulois voir que mes égaux, il faudroit que je m'enfermasse dans les caveaux des Capucins, où reposent les cendres de mes Ancêtres. J'aime les hommes sans distinction, & je préfere ceux qui ont de la vertu & des talens, à ceux dont tout le mérite est de compter des Princes parmi leurs aïeux.*

Le Prince de Liege avoit invité à dîner M. C.... tréfoncier de Liege; il arriva après le premier service, le Prince le lui fit observer. Il s'excusa sous prétexte que des lettres qu'il avoit eu à écrire, l'avoient retenu chez lui : le Comte de *Horion* qui se trouvoit à table, prit la parole & dit au Prince : *Votre Altesse peut s'en rapporter là-dessus à M. C.; je suis témoin pour lui, je viens de voir sortir son écritoire de chez lui*, faisant allusion à une dame qui avoit passé la matinée avec le tréfoncier. Ce mot rappelle celui de *Sully* à Henri IV. Ce bon Roi s'excusant d'être venu tard au conseil, disoit avoir eu la fievre toute la matinée : *oui Sire*, lui répondit le ministre, *elle étoit verte, je viens de la voir au Balcon : Ventre-Saint-Gris*, dit Henri IV, *on ne te peut rien cacher.*

Deux soldats du Régiment des *Gardes Françoises*, aigris par différentes querelles, s'étoient inutilement battus à l'arme blanche sans parvenir à se blesser ni l'un ni l'autre. Peu satisfaits de cette premiere charge, ils convinrent de prendre des armes moins douteuses, & s'armerent de pistolets. Les conventions faites, celui des deux à qui le sort avoit accordé l'avantage de tirer le premier, lâche son coup & manque son adversaire. Celui-ci à l'instant, fond sur lui & lui démontre facilement qu'il est maître de sa vie. -- *Tu peux la prendre*, répond l'autre avec tranquillité; *je t'ai manqué, venge-toi.* Aussi-tôt, il tourne la tête. Ce noble dévouement étonne & touche son camarade : ce n'est plus sa vie qu'il veut mais son amitié; il jette ses armes & le serre étroitement dans ses bras. Cette belle action ayant été connue du Régiment, M. le Maréchal de *Biron* en a voulu témoigner son contentement, en donnant à ses deux braves & généreux soldats des récompenses & des éloges.

M.* le Comte *D'a******* Lieutenant-général des armées du Roi, a été mis à *l'Abbaye*, pour avoir maltraité le tribunal des Maréchaux de *France*. Las de sa prison & du régime qu'il y observoit, il fit dire un jour au vieux Maréchal de R. -- qu'il ne pouvoit plus vivre éloigné de sa femme, qu'il étoit tourmenté par des desirs violens, que la nature chez lui parloit d'une voix trop forte pour qu'il pût lui imposer silence. Avec cette gaieté charmante qu'il a toujours conservée, le Maréchal de R. --- s'écria --- *Ah-ah! di-*

tes à M. D'a — qu'il ne fortira de prifon qu'après m'avoir appris fon fecret.

Quelques jeunes officiers eurent il y a quelque temps une querelle avec le guet chez *Nicolet*.... l'affaire fut vive. Elle fut portée au tribunal des Maréchaux de France : le vieux duc fe fouvint qu'il avoit été jeune & moufquetaire. Son efprit chevalerefque lui fit approuver l'effervefcence des jeunes militaires. Il blâma les gens du guet. Un de ces jeunes gentilhommes s'écria : *M. le Maréchal, un foldat a eu l'imprudence de dire qu'il fe F— de vous ! — Cela peut-être, mais Monfieur, comme il ne vous a pas prié de me le redire, ayez la complaifance de vous rendre à l'Abbaye.*

Le Maréchal de *Richelieu* affiftoit à un de ces petits foupers qui fe donnent fi fréquemment à Paris. Il fe mit tout-à-coup à rire avec éclats. Les quatre dames qui étoient de la partie voulurent en favoir le fujet : c'étoit à qui le devineroit ; on faifoit mille conjectures & toutes tomboient à faux ; le Maréchal refufoit abfolument de s'expliquer : il avoit déjà répété plufieurs fois que ces dames ne lui pardonneroient pas cette confidence ; la curiofité féminine s'augmentoit d'autant plus ; on force le duc à découvrir son secret; il cede enfin, en exigeant des lettres de grace que ces dames lui promirent. *Eh bien, leur dit l'Octogenaire, vous l'ordonnez, Mesdames, il faut vous obéir : la galanterie est de tous les âges ; un souvenir charmant excitoit mes ris ; je me rappellois qu'autrefois j'avois eu le bonheur d'être reçu dans le lit de chacune de vous ; aujourd'hui je ne puis plus que vous le dire.*

Un jeune homme de qualité pria le même Maréchal d'avancer de trois jours la sortie de son frere qu'une faute légere retenoit à l'abbaye. -- *Mon ami,* lui dit le duc de R.--- *je---* --- souffrirez-vous, Monsieur le Maréchal, que le frere de *votre ami* passe la nuit en prison ? --- Il obtint ce qu'il demandoit.

Lorsque la célebre Mad. S...... devenue depuis Marquise de L..... prit le parti de la dévotion, on remarqua quelque dérangement dans son esprit. Le Chev. de L...... son fils entrant chez elle un matin, la rencontre chargée de plusieurs petits paquets ; elle l'aborde sans le reconnoître : --- Je vais, lui dit-elle, chez une de mes amies mettre à couvert mes bijoux & mes plus belles dentelles ; car mes coquins de fils me volent & me pillent tout... Le Chevalier n'a garde de la tirer de son erreur. --- Madame, répond-il, votre prudence est très-bien placée, mais vous pouvez vous éviter la peine que vous vouliez prendre; j'ose espérer que vous me connoissez assez pour me croire digne de votre confiance; remettez-moi vos bijoux, vos dentelles, & soyez certaine que ces effets seront bien en sûreté entre mes mains...... La Marquise ne balance pas à accepter l'offre & confie ce qu'elle a de plus précieux à l'un de ceux à qui elle vouloit le soustraire.

M. le Duc de *** surprit un jour sa chere moitié dans les bras du précepteur de son fils. Cette digne femme lui dit avec une impudence ducale : *Que n'étiez vous là, M. ? Quand je n'ai pas mon écuyer, je prens le bras de mon laquais.*

Un de ces Marquis qui ne sont pas gentils-hommes dit à M. de *Piis* en parlant d'une de ses pieces, *qu'elle étoit détestable*. Avec beaucoup de douceur & d'honnêteté l'auteur lui demanda les motifs de son jugement. --- Elle est exécrable, vous dis-je, & dix *personnes de qualité* avec lesquelles je soupois hier sont de mon avis. --- Vous ne faſſiez pas un *ſoupé de famille*, lui dit M. de *Piis* en lui tournant de dos.

Mad. *Dugazon*, actrice de la Comédie italienne en étoit tout au plus à ſon quinze ou ſeizieme Galant depuis ſix mois qu'elle ne vivoit plus avec ſon mari, lorſque celui-ci s'aviſa de le trouver mauvais. Le Comte de ** étoit de tour chez la Belle, lorſque *Dugazon* entre. Après quelques momens, il dit à ſa femme: Madame ſouhaitez le bonſoir à M. le Comte; aujourd'hui je reſte ici : la Belle toute tremblante bégaye un adieu au Comte en lui faiſant ſigne d'éviter les querelles pour l'amour d'elle. Enfin le mari reſte maître du champ de bataille ; mais M. le Comte étoit de fort mauvaiſe humeur : le lendemain, le ſurlendemain, il alloit partout diſant que *Dugazon* étoit un drôle, un poliçon, qu'il lui couperoit les oreilles. Si les oreilles de *Dugazon* n'ont point été coupées, elles furent du moins fort échauffées de tous ces propos qui lui revinrent, & le haſard fit que quelques jours après il ſe trouva avec le Comte qui recommença devant lui les mêmes diſcours. *Dugazon* qui eſt un des plus braves hiſtrions du ſiecle, lui ſignifia qu'il ne pouvoit souffrir tant d'affronts accumulés sur sa tête. Cette déclaration lui en attira un de plus & le Comte lui applique un bon soufflet; l'autre dans la minute le lui rend de toute sa force. Ces deux rivaux brûloient de se battre, on les sépare, on les garde. *Dugazon* reçoit des ordres de la police, & sa femme avec tous ses talens est menacée d'un tour à la maison de force. Enfin nos deux Messieurs en ont été chacun pour un soufflet, & l'on étoit fort curieux au palais royal de savoir la tournure que prendroit cette grande affaire. On se demandoit au *Caveau* comment cela finiroit, & ce que M. le Comte feroit du soufflet qu'il a reçu : *Parbleu*, répondit un plaisant, *il le mettra avec les autres*. La prophétie s'est vérifiée.

Les auteurs qui connoissent la complaisance des Comédiens soi-disant italiens, & l'indulgence du tribunal qui tient ses séances dans leur Salle, conçoivent un opéra comique en une heure, l'exécutent en une nuit, le lisent, le font jouer, tombent & se consolent aux pieds d'une iris de coulisse, de l'injustice & du mauvais goût du public.

Lorsqu'on donna à ce théâtre le *Marchand d'esclaves*, parodie du comédien

Rosiere & du rimeur *Radet*, ces deux auteurs ont eu recours aux battoirs pour leur succès dramatique. Le dernier a dit plaisamment aux *Cariatides* de sa piece :

Faites éclore de vos mains
Tout ce *qu'on a droit* d'en attendre.

Ces vers sont la parodie des phrases rimées par *Sedaine* dans le *Roi & le Fermier*.

On raconte que M. *Cailhava*, Président de l'*anti-musée*, implorant un jour le secours de ses amis pour la réussite des *Journalistes anglois*, écrivit sur les billets donnés :

In manus tuas, Domine, commendo Spiritum meum.

Le Chevalier de *** étoit à souper avec la Demoiselle qu'on appelle *Theophile*; ils parloient de doux plaisirs & s'occupoient de l'espoir de les goûter bientôt ; la Demoiselle au milieu de son ivresse amoureuse laissa échapper quelques témoignages de tristesse : --- Qu'avez-vous, bel ange ? --- Mon ami, je t'avouerai que j'ai un besoin, mais un besoin extrême de douze louis : --- Ma divine, je suis au désespoir, mais je n'ai pas le sou, pas la moindre obole ; quel plaisir j'aurois eu à te donner cette bagatelle ! --- Donner ! ah mon ami, je connois ta situation, c'étoit un simple prêt que je te demandois & pour peu de jours : je ne vends point mes faveurs à mon bon ami ; là-dessus une effusion des sentimens les plus délicats : on alloit se mettre à table & bientôt se jetter dans les bras de l'amour, pour se dédommager des rigueurs de cette maudite fortune ; on entend heurter à la porte : le Chevalier ne sait pas trop quel parti prendre ; ah, c'est Monsieur, dit la Demoiselle effrayée ! ce Monsieur étoit un riche Financier qui fournissoit amplement à la dépense, tandis que le Chevalier étoit aimé pour lui. Celui-ci enfin se réfugie dans un cabinet. Notre Financier avec ses deux jambes cagneuses accourt pour embrasser sa charmante. --- Enfin, ma reine, me voilà débarrassé de ce malheureux tapis verd où j'étois cloué. Morbleu, nos affaires ne vont point du tout.... Les fermes sont à tous les diables, elles ne rendent que 30 pour cent, & il n'y a pas de l'eau à boire : --- Ah, Monsieur, je vous prie ; laissez-moi avec vos fermes, vous augmentez ma migraine : eh bon Dieu ! bon Dieu ! ce sont des étonnemens, des coups dans la tête ; aye, aye, aye ! --- Mais, mon amour, voilà un vilain mal de tête, bien hors de saison; maugrebleu de la migraine..... je venois... -- Oh, Monsieur, allez-vous-en, allez-vous-en : -- Comment je ne souperai pas avec toi, & voilà un couvert tout prêt : --- Il est vrai que je me préparois à manger un morceau quand ce malheureux mal de tête m'a surpris; au nom de Dieu, laissez-moi, laissez-moi, ce sont des souffrances inouïes; je me flatte que le repos me raccommodera. --- Le repos ? mais, moi pour mon argent.... --- Pour mon argent?.... à propos, n'auriez-vous pas douze louis à me donner, je suis d'une humeur de chien, c'est pour une marchande de modes qui ne me laisse pas respirer. --- Que veux-tu dire avec ta marchande de modes? entre-nous, ma bonne amie, sais-tu combien tu me coûtes? oh, moi, je sais compter : -- Fi donc, M. est-ce que l'on compte ses plaisirs? il me faut ces douze louis & tout-à-l'heure, sinon je vous saute aux yeux. --- Patte de velours, mon chat, patte de velours, je te dis que je n'ai pas un écu.... Demain --- Ce seroit dans la minute qu'il me les faudroit; voilà ce que c'est que de se prendre de goût pour ces Messieurs des fermes, ils sont d'une ladrerie. --- Tu ne veux donc pas me donner un baiser? --- Vous baiser, moi ? j'aimerois mieux.... Monsieur plaisante.... Pendant que le Financier embrasse la Demoiselle, il met adroitement douze louis sur la cheminée & prend enfin le parti d'abandonner sa Lucrece à la migraine qui l'afflige. Elle accompagne jusqu'à la porte son Crésus, sans s'être apperçu de son bienfait. Le Chevalier sort du cabinet, voit les douze louis, les met dans sa poche. La Demoiselle revient en se plaignant de l'inflexible avarice de ces gens à argent. Ma chere, lui dit le Chevalier, je cede au desir de vous obliger, je ne vous dissimulerai pas que j'ai hésité, mais l'amour l'emporte ; tenez, voici ces douze louis, c'est ma foi, toute ma fortune. La maîtresse est enchantée & promet bien de rendre cette somme ; ils soupent gaiement & la nuit est encore plus agréable. Le lendemain le Financier revole auprès de sa fidele, il meurt d'envie de savoir quel sentiment aura produit sa galanterie : il s'attend à des remercimens, à des caresses ; on le reçoit maussadement, on l'accable d'épithetes mal sonnantes, on lui déclare même qu'il faut prendre son parti. Mais, s'écrie le Financier, ma petite, vous êtes une ingrate : comment, je vous ai donné hier ces douze louis que vous m'avez demandés avec tant d'humeur. -- Vous m'avez donné hier douze louis! Vous ? -- Eh oui, moi-même, je les ai posés sur votre cheminée.... Contestations, reproches, refus de croire Monsieur, Enfin il a fait tous les sermens, il a juré par Plutus. On vient à être persuadé; il faut donc, dit la Demoiselle, que j'aie été volée! La douceur renaît dans le commerce, mais l'infante, à peine a-t-elle apperçu le Chevalier, qu'elle lui dit en riant, oh, je le crois bien, Monsieur le fripon, que je ne vous rendrai pas ces douze louis : allez, on pardonne tout à l'amour, nous mangerons ensemble cette libéralité de Monsieur. Le Chevalier avoua tout, en rit lui-même & les deux amans n'en furent que plus empressés à duper le Financier.

Un moine ayant entendu dire que dans les maisons de jeu deux hommes qui s'entendent & se donnent des points à propos, peuvent ruiner une Galerie, fit habiller en satin le marmiton d'un traiteur, & se rendit chez Charrier. Un garde du Corps lui vit donner point à la triomphe ayant le roi, la dame & le valet; il saisit le bras du moine, démontra sa friponnerie & le fit conduire chez le commissaire; obligé de se faire connoître, il avoua bonnement que ce moyen étoit le plus simple qu'il eut imaginé pour avoir de l'argent. --- Comme cette scene cause du scandale, qu'elle est publique ; il faut plaindre le moine imbécille. Les punitions du cloître sont terribles ; celui qui vous les inflige a toujours quelques motifs de vengeance contre son frere, & ne laisse pas échapper l'occasion de se satisfaire.

Un jeune homme répétoit la derniere scene de *Zaïre* avec une jeune Demoiselle en présence de sa mere. L'actrice dit avec tant d'ame ces mots : *Je me meurs,..* que, si nous eussions été là, nous eussions deviné, dit-on, avec quelle arme on la perçoit. Mais la bonne maman n'y vit dans sa fille qu'une supériorité de talent qui l'enchantoit. *Je regrette*, dit-elle, *de n'avoir pas bien vu le coup de théâtre : cela doit être sublime : --- Oh, c'est un superbe moment ; n'est-ce pas, Mademoiselle ? --- Oui, Monsieur.*

Lorsque l'on a rebâti le temple de Themis (*le Palais*) on y a mis des statues représentant des vertus. Le lendemain on lisoit l'inscription suivante aux pieds de la *Sagesse*.

Pour orner ce palais, un artiste fameux
A travaillé. Quelle est sa plus belle statue?
La PRUDENCE est fort bien, la FORCE est encor
mieux,
Mais la JUSTICE est mal rendue.

La mémoire des catastrophes affligeantes se perpétue par les écrits, par la tradition, souvent par des monumens, tandis que les traits vraiment dignes d'être gravés sur le bronze, passent à peine par quelques bouchent & demeurent ensevelis dans l'oubli. Réparons, autant que faire se pourra, l'injuste ingratitude des hommes & rendons un hommage pur & sincere à des vertus dont l'existence, toute rare qu'elle soit, est si consolante. Monsieur *Scheerer*, riche négociant de la ville de *Lyon*, se trouvoit en avance de cinquante-mille livres avec un fabricant. Celui-ci se voyant à la veille de culbuter, mais distinguant apparemment & bien justement M. *Scheerer*, des autres créanciers auxquels il avoit affaire, fut le trouver pour lui faire connoître la position critique où il se trouvoit, & pour, en même temps, le rassurer sur la somme qu'il lui devoit, & le nantir de cinquante-mille livres de *Billets au Porteur. Vous m'avez pris pour confident*, lui dit cet honnête Négociant, *je deviendrois le complice*

complice de votre faillite si j'acceptois maintenant le remboursement que vous m'offrez. Publiez ma dette, & conservez s'il se peut, votre honneur & votre crédit. Si vous parvenez à faire face à vos engagemens, je ne me lasserai point d'attendre, si, malgré cela, vous avez le malheur de vous voir contraint de déposer votre Bilan, vous me rangerez dans la classe de vos autres créanciers & je partagerai comme eux au prorata de votre actif. Il n'appartient pas à tout le monde d'apprécier cet acte rare & précieux de générosité, de justice & de délicatesse. Chacun verra bien la beauté du procédé; mais peu sentiront la valeur d'un pareil sacrifice pour un homme qui est dans les affaires, & que l'on doit supposer imbu des maximes inflexibles, pour ne pas dire barbares, de ces sortes de gens, depuis le plus petit, le plus vil Grippe-Sou, jusqu'au plus opulent banquier.

Un abbé sortoit de la représentation que les Comédiens françois ont donnée pour les pauvres ; une fille l'aborde ; & lui fait la proposition ordinaire : il double le pas, elle insiste & le prend par le bras. — Laissez-moi donc, dit-il avec humeur. — Comment, dit-elle, Monsieur, vous ne pouvez vous en défendre : *aujourd'hui, c'est pour les pauvres.*

LIGURIE.

Conte *traduit du Grec.*

Ligurie entra un jour brusquement dans ma chambre. L'égarement de ses yeux, la précipitation de ses mouvemens, le désordre de sa chevelure & de ses habits, tout annonçoit en elle un trouble & une agitation extraordinaires. J'étois encore au lit; elle s'assit près de moi, elle m'embrassoit, elle vouloit parler : mais elle étoit trop émue & sa bouche ne rendoit que des sons mal articulés. J'aime tendrement cette aimable enfant : Je crus qu'elle venoit d'essuyer quelque disgrace : j'essayai mes caresses de lui rendre sa tranquillité ; enfin peu-à-peu elle se remit & dès qu'elle eut recouvré l'usage de la parole : « Ah, ma chere *Leucosie*, s'écria-t-elle, qu'ai-je à vous apprendre ! hier, au coucher du soleil, il m'a semblé voir *Biblis*, elle s'approche de moi d'un air mystérieux, elle m'enveloppe la tête d'un voile blanc & m'ordonne de la suivre. J'obéis sans hésiter, vous savez quelle est ma confiance en cette femme; nous traverſons la ville juſqu'à l'endroit où demeure mon tuteur, nous entrons dans une rue étroite & détournée, alors le peu de jour qui nous avoit éclairées juſques-là nous abandonne totalement. Le ſilence qu'obſervoit *Biblis*, l'ignorance des lieux, la nuit affreuſe qui m'environnoit, me pénétroient d'une terreur ſecrete dont je ne pouvois me défendre. Eh! où me conduiſez-vous, ma chere *Biblis*, lui ai-je demandé ? Elle ne me répond rien. Une porte s'ouvre & nous deſcendons à tâtons dans un ſouterrain obſcur où conduiſoit un degré tortueux.

Imaginez, ma chere *Leucoſie*, de quelle frayeur j'étois pénétrée. *Biblis* après m'avoir guidée quelque temps dans l'obſcurité, me quitte tout-à-coup. Vous êtes, me dit-elle, dans le temple d'un Dieu : Gardez-vous, quoi qu'il vous arrive, de troubler par vos cris la célébration des myſteres. En finiſſant ces mots, elle s'éloigne de moi.

La ſurpriſe me rendoit immobile; je ne ſavois que penſer. De quelle nature ſont donc les myſteres qui ſe célebrent ici, me ſuis-je dit à moi-même ? pourquoi les couvrir d'une nuit ſi épaiſſe ? mais les Dieux ne s'expliquent pas ſur la

C 2

maniere dont ils veulent être adorés. Ce n'eſt pas à nous à pénétrer le ſecret dont ils ſont jaloux. Il ſuffit de ſavoir que je ſuis dans leur temple. Sans doute on reſpecte ici l'innocence, & *Biblis* m'aime trop pour m'expoſer à quelques périls. Ces courtes réflexions m'ont tranquilliſée. J'ai étendu les mains autour de moi pour m'aſſurer ſi je n'avois point de compagne de mon aventure, à qui je puſſe demander des éclairciſſemens, & j'ai prêté l'oreille avec attention, pour entendre s'il ne ſe faiſoit pas quelque bruit qui ſervît à diriger mes pas.

Du ſein du ſilence qui regnoit autour de moi, il s'échappoit de temps en temps des ſoupirs, non de ces ſoupirs douloureux que nous arrache un ſentiment amer; ils alloient juſqu'à mon cœur, mais ils y portoient moins la compaſſion qu'une certaine émotion douce qui faiſoit couler dans mes veines un feu ſubtil. J'éprouvois un ſentiment inconnu. J'étois hors de moi-même, je deſirois, je craignois, ſans connoître l'objet de mes deſirs & de mes craintes. Un petit bruit qui s'eſt fait entendre m'a forcée de redoubler mon attention. Il étoit tel que celui que fait un pas léger & ſuſpendu. Le bruit ſemble s'approcher de moi : dans le moment on prend une de mes mains. Vous connoissez ma timidité, ma chere *Leucosie*. Seule dans un lieu où tout me paroissoit incompréhensible, quand j'ai senti qu'une main étrangere saisissoit la mienne, ne devois-je pas crier ? néanmoins j'ai fait mes efforts pour m'en débarrasser. Pourquoi me fuyez-vous, charmante *Ligurie* ? me disoit une voix basse, trop forte pour être la voix d'une femme ; mais si sonore, si douce, si touchante que ce ne pouvoit être celle d'un mortel.

Pourquoi me fuyez-vous ? que craignez-vous de mes caresses & de mes transports ? je suis le Dieu que l'on révere en ces lieux. Eh ! que me servent l'encens, les victimes que l'on m'offre, les honneurs dont on m'accable, si je n'aspire qu'au bonheur d'être aimé, sans pouvoir y réussir.

Vous êtes un Dieu, ai-je repris encore plus effrayée ? eh ! qu'exigez-vous de moi, hors le respect & la crainte ? — S'ils sont faits pour moi, ce n'est pas de vous que je les exige, vous de qui dépend mon bonheur, vous dont la possession me flatteroit mille fois plus que l'immortalité même. Arrêtez, aimable *Ligurie*, ne troublez pas par vos froideurs, la félicité d'un Dieu qui ne se servira de son pouvoir que pour vous rendre heureuse, si vous voulez l'être par son amour.

Jugez de mon embarras, ma chere *Leucosie*; que pouvoit répondre une fille sans expérience, à un Dieu puissant qui la pressoit ? car je ne doute pas que ce ne soit un Dieu. Il n'y a rien d'humain dans toute mon aventure. Vous croyez donc, ai-je répliqué, que je m'abuse ainsi sur le foible pouvoir de mes charmes ? vous êtes un Dieu, le cœur me le dit : jamais l'approche d'aucun mortel ne m'a occasionné le saisissement que j'éprouve ; mais votre puissance m'alarme plus qu'elle ne me rassure ; qu'ai-je à prétendre si je me livre à vos transports ? jouet d'un goût passager, aujourd'hui l'objet de vos desirs, demain de votre indifférence, peut-être de vos mépris, si je consens à vous écouter & que je prenne de l'amour, à quel affreux désespoir vais-je être livrée ? ne sais-je pas comme les Dieux aiment, & les sermens d'amour vous engagent-ils plus que les humains ?

Ah ! m'a répondu la voix, ne jugez pas de mes sentimens par ceux des autres, ne me forcez pas à détester la grandeur suprême qui me ferme l'entrée de votre cœur. L'ardeur que je ressens, ma chere *Ligurie*, n'eut jamais d'exemple ni dans les cieux ni fur la terre; demandez-m'en des preuves. Eh! que ne ferai-je pas pour m'affurer votre poffeffion! oui, j'en jure par vos charmes, par les defirs vifs & preffans qui me tranfportent hors de moi-même, par les feux brûlans qui me raviffent & qui me dévorent, vous feule pouvez faire mon bonheur, & fi votre cœur fe laiffoit aller à quelques mouvemens de reconnoiffance, la mienne n'auroit point de bornes. Mais vous êtes muette & mes tranfports tout vifs qu'ils font, ne fauroient même vous émouvoir. Ah! deftin cruel, je ne vois que trop mon malheur. J'ai combattu jufqu'à ce jour pour ne pas vous montrer un amour inutile; mais mon feu fe déclare enfin vaincu par fa propre violence. *Junon* me favorife; c'eft elle-même qui fous la figure de *Biblis* vous a conduite en ce lieu fi favorable à ma flamme, en ce lieu qui pouvoit être pour vous & pour moi le théâtre du plaifir le plus pur & où je ne fens qu'augmenter mon martyre. O ma Déeffe! voyez l'état où vous réduifez mon cœur & fi le vôtre eft fermé pour l'amour, qu'il s'ouvre du moins pour la pitié.

Le Dieu, en tenant ce difcours, infenfiblement me tenoit embraffée; je ne fongeois pas à me défendre. Un baifer qu'il me donna, m'a tirée de ma diſtraction. J'ai voulu m'échapper de ſes bras, mais le feu de ſes levres brûlantes avoit déjà paſſé dans mon ame. Je m'efforçois de me dérober à ſes embraſſemens, & je ne trouvois de force que pour y répondre. Enchanté d'un déſordre qui augmentoit encore par l'emportement de ſes careſſes, il m'a témoigné ſon raviſſement par mille nouveaux baiſers mêlés de nectar & d'ambroiſie. Non, l'amour lui-même ne ſauroit mieux les aſſaiſonner. Je ne te le cacherai pas. Si les deſirs de mon amant, contens de leurs progrès, euſſent expiré ſur mes levres & ne ſe fuſſent pas portés plus loin, mes bras n'auroient fait d'efforts que pour le retenir. Mais hélas ! ſes tranſports indiſcrets m'ont bientôt rendue à moi-même. Cruel ! lui ai-je dit, (en recueillant ce qui me reſtoit de forces pour me défendre & pour lui parler) qu'oſez-vous entreprendre ; vous ſavez ſans doute inſpirer de la foibleſſe, voudriez-vous en profiter pour me ſéduire ? je ſuis innocente, vous êtes un Dieu, reſpectez-moi, reſpectez-vous vous-même, laiſſez-moi fuir.... Me fuir, ingrate, m'a-t-il répondu, quand je quitte les Cieux pour vous ! je ne vous ferai pas valoir ce ſacrifice : que ne puis-je vous en faire d'autres ! mais ne méritai-je pas de vous des sentimens plus doux? quelle est après vous la mortelle qui pourroit me les refuser ? Ah ! me suis-je écriée, contentez-vous de toute ma tendresse. Eh ! quelle autre vous aimeroit mieux que moi ? j'en atteste les Dieux que je crains ! je ne ressentis jamais ce que je sens pour vous, & c'est assez de vous dire que dans le trouble où je suis, je n'ai pas trop de toute ma raison pour me défendre. Vous m'aimez, *Ligurie*, a repris mon amant ? ô aveu qui m'enchante ! vous m'aimez, redites-le-moi encore.... vous m'aimez ?.... Le Dieu emporté par l'excès de sa reconnoissance m'a prodigué avec une nouvelle ardeur les caresses que mes reproches avoient suspendues ; j'ai fait ce que j'ai pu pour lui résister ; mais hélas ! que pouvois-je faire ? c'est un Dieu, je ne suis qu'une foible mortelle.

Comment vous les détaillerois-je, ma chere *Leucosie*, ces caresses si vives, ces protestations si tendres de mon amant ? charmante *Ligurie*, me disoit-il, je vous aime. J'en jure par le Stix, je vous aimerai toujours ; mais hélas ! que deviendrois-je, si même dans des siecles reculés je venois à vous perdre ? quel supplice pour moi ! jugez de mon désespoir par mes transports présens. Comment ne regretterois-je pas de ne pouvoir mourir avec vous? Il y va de mon repos, les Dieux ne me refuferont pas cette grace, vous jouirez de l'immortalité dont vos appas vous ont rendue digne.

Comment! je ferois immortelle! lui ai-je dit comblée de joie. Ah! mon cher amant, je vous aimerai donc toujours. — Comme je prononçois ces mots, un bruit fourd s'eft fait entendre, le Dieu s'eft dérobé de mes bras. Je vous quitte, m'a-t-il dit, mais c'eft pour vous revoir bientôt & vous revoir immortelle. J'en vais parler à Jupiter..., & dans le moment il s'eft retiré.

Quelle féparation! ah! que j'ai fouffert, ma chere *Leucofie!* tous les plaifirs m'ont abandonnée avec mon amant; ils n'ont laiffé dans mon cœur qu'un vuide affreux. L'horreur des ténebres qui m'environnoient a redoublé, & pour mettre le comble à mon abattement, des remords fe font fait fentir; car quelqu'innocente que je fois, je n'en ai pas pour lors été exempte. Sans doute la vertu fe plaint toujours, quelque précaution qu'on ait prife pour la raffurer, & la pudeur s'alarme même de la jouiffance des plaifirs permis. Quoi qu'il en foit, maintenant je ne me reproche rien. Si je me fuis livrée aux tranfports du Dieu, ce n'eft qu'à titre d'époux : j'ai pour garans de sa foi ses sermens, j'ai sa candeur & sa tendresse. Il m'avoit à peine quittée, lorsqu'une voix inconnue m'a appellée par mon nom. Je me suis avancée du côté d'où elle venoit ; on m'a tendu la main & je suis sortie du temple par la porte par laquelle on m'avoit introduite.

Ligurie n'est autre qu'une Dlle. Forestier, *jolie marchande de modes de* 14 *à* 15 *ans, dont le Duc* D** *étoit éperdument amoureux.* Biblis *est la* Dubuisson, *un des plus habiles ministres qu'ait eu la fameuse* Gourdan. Leucolie *est une bonne amie de la petite* Forestier ; *le temple n'est qu'un boudoir de la petite maison du Duc.*

A peine *Ligurie*, ou pour parler sans voile, Mlle. *Forestier* eût-elle cessé de parler, comme elle cherchoit dans les yeux de sa compagne, ce qu'elle pensoit de cette étonnante aventure, & comme celle-ci s'apprêtoit à lui communiquer ses idées, on frappe à la porte à coups redoublés. La compagne ouvre en tremblant.... C'étoit la *Dubuisson* qui s'annonçoit elle-même par des battemens de mains & des éclats de rire immodérés : elle saute au cou de la jeune amante. Eh, lui dit-elle, nous avons donc en vous une Déesse de plus : certes l'Olimpe ne pouvoit faire une meilleure acquisition. Entrez, Dieu charmant, cria-t-elle au Duc qui la fuivoit, venez donner à votre Déeſſe, de nouvelles aſſurances de l'amour que vous lui avez juré & lui confirmer le don de l'immortalité. Le Duc vole aux pieds de la belle abuſée qui comprend enfin comment elle a été priſe pour dupe. La pudeur & la honte couvroient ſes joues d'une rougeur forcée, & le dépit les baignoit de larmes. Elle veut ſe débarraſſer de ſon amant ; mais ſes forces l'abandonnent. Puniſſez-moi, prenez ma vie, dit le Duc en la ſerrant étroitement dans ſes bras : Je ſuis un perfide ; je l'avoue, mais pardonnez, ſi je vous ai trompée quelques inſtans, c'eſt pour ne vous tromper jamais. L'amour dont je brûlerai toute ma vie pour vous ſera ma ſeule excuſe : puiſſe-t-il me mériter mon pardon !... Le Duc parloit avec grace ; il eſt bien fait, jeune, galant ; il ſoupiroit, il verſoit même des larmes qui paroiſſoient ſi naturelles ! enfin il étoit tel qu'il faut pour perſuader les femmes. D'ailleurs ſa belle étoit tendre, amoureuſe, ſans expérience, & la colere dure peu dans le cœur des jeunes filles. Ce Duc s'y prit ſi bien, qu'inſenſiblement les pleurs de la jeune perſonne ſe ſécherent. Vous penſez bien qu'on ne tarda pas à pardonner la petite ſupercherie & qu'on ſcella le pardon par des caresses si passionnées que la vieille *Dubuis-son* qui en étoit témoin, en paroissoit vivement émue, toute usée qu'elle est. Depuis ce temps, la jeune marchande de modes a eu une voiture, des dentelles, des diamans, une jolie maison bien montée.

Le Comte D*** alla un jour chez la D***. Il la trouva versant des larmes feintes ou sinceres, sur un malheur qui la menaçoit. Calmez-vous, lui dit l'homme de Cour, de quelle somme est-il question ? — De vingt mille francs. — N'est-ce que cela ? soupons & demain j'arrangerai l'affaire.... Ils soupent &c. &c. &c. Le lendemain en effet il lui envoya un arrêt de surséance pour trois jours.

On félicitoit le Marquis de *** sur un régiment qu'il venoit d'obtenir. Il étoit en concurrence avec un parent de M. le Duc de N... Le marquis remercioit avec un air de grande modestie. Ce qui me flatte le plus, dit-il, c'est que je n'ai fait aucun pas pour l'obtenir. Je le crois, reprit vivement le Duc de N... *Quand on rampe on ne marche pas.*

On a beaucoup parlé à Spa, d'un jeu que l'on nommoit : *le Jeu du Prince d'Albanie.* Ce Prince avoit perdu de grosses sommes à *Aix* & à *Spa* en 1782. Il déclamoit avec l'énergie qu'on lui connoît contre la passion du jeu, protestant qu'il ne l'avoit jamais eue, mais qu'au surplus il borneroit sa complaisance aux parties qu'il avoit faites. On voulut savoir s'il étoit de bonne foi & si la morale qu'il prêchoit n'étoit pas occasionnée par l'épuisement de sa bourse. Des joueurs allerent un matin chez lui & s'y prirent de toutes les manieres pour le faire renoncer à ses principes. Il lui offrirent de jouer si gros ou si petit jeu qu'il le voudroit. — Eh bien, Messieurs, répondit le Prince, puisque vous voulez jouer mon jeu, j'y consens. Vous allez connoître le seul qui puisse m'intéresser. Il fait monter dans l'appartement un tonneau vuide d'un demi-muid ; puis s'adressant aux joueurs : — MM. *nous mettrons l'un après l'autre un louis dans ce tonneau, lorsqu'il sera plein, celui de nous dont le louis tombera le premier à terre, aura tout gagné...* On pense bien que l'on ne se trouva pas assez riche pour faire la partie du Prince & qu'on cessa de le presser.

On ne parle à Paris que de duels & de coups d'épée. De temps en temps l'ardeur chevalerefque du François fe renouvelle; l'efprit militaire & fufceptible des *Celtes* & des *Gaulois* nos ancêtres exifte encore chez nous ; la froide philofophie a fait de vains efforts. Le caractere d'une nation, comme celui d'un particulier, peut paroître changé, mais il ne l'eft jamais réellement. *Si l'on vous dit que deux montagnes fe font approchées, croyez-le,* difent les Chinois; *fi l'on vous dit que le caractere d'un homme a changé, n'en croyez rien.* -- Mardi dernier, un homme cracha de fa voiture fur un jeune homme à pied, il defcendit, fit des excufes, elles ne furent point admifes, il fallut fe battre, & mourir, pour avoir craché.

La Dlle. de Villiers agée de 64 ans fut un jour trouvée morte dans la rue d'Orleans au marais. Le Commiffaire la fit expofer à la morgue; perfonne ne la réclama, elle fut enterrée. Un de fes parens inquiet de fon fort fit des perquifitions; il reconnut les habits de fa parente, on la fit déterrer, il fut fûr de fon fait. On fut que le jour de fa mort elle avoit dîné chez le Chev. *de la Touche*, Capitaine de houfards; un exempt de police fe tranfporta chez lui, l'interrogea. Il avoua qu'elle étoit ivre quand elle l'avoit quitté, & qu'elle étoit allée chercher un fiacre ; il ajouta que probablement elle étoit morte d'un coup de sang. Un commissaire succéda à l'exempt, il fit avouer au Capitaine que la femme avoit expiré chez lui, que la nuit il l'avoit transportée dans la rue pour éviter les tracasseries de la justice : sur cet aveu, on l'a conduit en prison. On assure qu'on a trouvé trente doubles louis, dans le bureau & qu'une reconnoissance du mont de piété prouve qu'il avoit des habits en gage. Une demoiselle assez jolie qui vivoit avec lui s'est trouvée compromise dans cette affaire atroce qui s'est terminée par un *plus amplement informé.*

Il est des crimes qui paroissent provenir d'un tel déréglement d'imagination qu'il faut supposer dans ceux qui s'en rendent coupables un grand fond d'habitude à en commettre. S'il est plus cruel de voir un meurtre de sang-froid que de le faire, que penser de celui qui goute du plaisir à ce sanguinaire spectacle ? C'est à coup sûr un monstre, un scélérat déterminé.

Ces jours passés, deux soldats suisses s'étant transportés dans les environs de *Vaugirard*, se disposoient au combat, lorfqu'un garde-chaffe qui traverfoit la campagne, accompagné d'un jeune homme, les apperçut. Le cœur du jeune homme lui eut bientôt fait fentir fon devoir, il veut voler, quoique fans armes, au milieu des bataillans & prévenir la mort de l'un des deux : mais à peine alloit-il exécuter fon généreux deffein que le garde l'arrête, & lui prefcrit de laiffer aux prifes les deux fuiffes. Les repréfentations du jeune homme font vaines. --- *Si tu bouges*, lui dit le garde, *tu es mort*, en le menaçant de fon fufil. Le jeune homme ne peut fe perfuader qu'il foit capable de l'inhumanité de laiffer fous fes yeux deux braves gens s'entrégorger, & la cruauté d'accomplir fa menace ; il s'élance vers les deux fuiffes & leur crie d'arrêter. --- Dans l'inftant le coup part, & le malheureux jeune homme eft renverfé. Les Suiffes prévenus par le cri du jeune homme, & diftraits par un coup de feu fi voifin, fe retournent, voyent l'infortuné terraffé & le fcélérat de garde prenant la fuite; fa caufe devient la leur, ils fe réuniffent pour pourfuivre le meurtrier, l'atteignent, & le font fuccomber fous leurs fabres. Néanmoins il n'eft pas mort, & la juftice qui s'en eft emparée, inftruit cette affaire, dont les circonftances aussi touchantes que révoltantes ne prouvent que trop combien le déréglement de sens conduit également l'homme à devenir *Néron* se prostituant, ou *Néron* contemplant délicieusement le cadavre sanglant de sa mere.

Un fait sur lequel il n'est pas aussi facile de prononcer, est celui d'un pere qui, cédant à l'indignation de l'honneur, a violé le plus saint caractere de l'homme en devenant le bourreau de son fils. La semaine derniere un particulier retint à souper un de ses amis. Le fils de la maison se trouva placé près de lui, & ne vit pas, sans beaucoup de concupiscence, le gros brillant & la belle montre que portoit son voisin. Soit convoitise particuliere, soit desir de satisfaire quelque maîtresse, le jeune homme conçoit & prend la résolution de voler l'ami de son pere. Peu avant qu'on se retire, il feint de s'aller coucher, & va dans une rue détournée pour attendre son homme; il l'entend, ses sens se troublent, l'idée d'une reconnoissance lui tourne la tête; au-lieu de renoncer à son malheureux projet, au-lieu de fuir, il attaque traitreusement la victime qu'il veut dépouiller, & de deux coups sur la tête, le fait tomber à ses pieds. Le Diamant & la montre font enlevés : mais où aller ? il peut être rencontré, foupçonné, arrêté. Dans la maifon de fon pere il fera du moins en fûreté : il y rentre fans bruit, & dépofe le vol qui l'embarraffe déjà tant, dans un petit buffet de fa chambre. — Pendant ce temps on relevoit fa victime, & graces à quelques eaux fpiritueufes on l'avoit rappellée de fon étourdiffement : néanmoins, comme fon ami n'étoit pas éloigné, il s'y fit tranfporter pour y paffer la nuit. — Il arrive, il dit en quatre mots fon aventure ; on s'empreffe à lui donner des fecours, il eft introduit dans la chambre du fils pour plus de commodité, tout eft mis fans deffus deffous, on ouvre par hafard le fatal buffet. -- O ciel! il voit, il reconnoît fon diamant & fa montre. --- *Mon ami,* dit-il, *voilà mes bijoux ! --- Que voulez-vous dire ? feroit-il poffible ? --- mon fils ! ô malheureux pere !* Le jeune homme paroît, affecte un air tranquille ; fon pere ne voit plus en lui qu'un être deftiné à l'échaffaut ; cette affreufe idée trouble fes fens, & dans un tranfport furieux il lui brûle la cervelle : cet acte de défefpoir n'eft pas plutôt commis, qu'il eft fuivi des plus affreux remords, les inquiétudes de la justice viennent y mettre le comble, & sans de puissans protecteurs, c'en étoit fait du pere & du fils.

M. *de la Blinaye*, Gentilhomme Breton, vivoit dans sa terre avec une fortune honnête, mais trop modique pour qu'il pût s'en écarter, habiter la capitale ou les grandes villes de sa Province. La même raison l'avoit empêché de se marier. Doué cependant d'un tempérament assez vigoureux, il avoit été obligé de s'en tenir aux paysannes ses vassales, qui s'étoient trouvées honorées de sa couche, ou aux femmes de quelques gentillâtres ses voisins, qu'il avoit cocufiés. Il avoit plus de soixante ans, lorsque des successions considérables lui étant arrivées, il s'est trouvé à la tête de cent mille livres de rentes. C'étoit le moment de jouir, & comme il étoit pressé par le temps, il se rend en diligence à Paris, le centre des plaisirs, où il pouvoit aisément par leur multiplicité & leur continuité regagner ce qu'il devoit perdre nécessairement du côté de la durée. Il prend un hôtel superbe; il monte sa maison sur le plus grand ton & nage dans les délices. Il loue une loge à l'année à tous les spectacles. Celui qui le flatte le plus, c'est l'Opéra. Ses sens, en quelque sorte neufs à cet égard, lui procurent presque les impressions vives de la jeunesse : il ne tarda pas à payer le tribut, c'est-à-dire à devenir épris d'une Nymphe de ce pays enchanteur. Mlle *Beaumesnil* fut celle qui le frappa. La finesse de son minois, le piquant de son jeu, la légéreté, l'agrément de sa voix le séduisirent; il se trouva enlacé sans s'en appercevoir, il ne pouvoit manquer l'Opéra un jour où elle jouoit : quand elle ne paroissoit pas, il étoit dans une inquiétude extrême; elle venoit toujours trop tard sur la scene; elle s'en alloit toujours trop tôt. Il avoit assez d'expérience pour sentir ce que cela signifioit, & heureusement son opulence le mettoit dans le cas de ne pas craindre un refus. D'ailleurs, le moment étoit favorable : il apprend que la Chanteuse n'a point d'entreteneur, ni même d'amoureux, qu'elle est parfaitement la maîtresse. Il saisit l'occasion & va la trouver. Il lui déclare qu'il est un Provincial, un vieux Reître très-gauche dans le commerce des femmes de spectacle; que cependant, par un instinct naturel, il l'a démêlée & goûtée au milieu de cent autres : qu'elle lui plait infiniment, qu'il en est fol, & qu'il a 50,000 livres à manger par an avec elle, s'il est assez heureux pour que ses hommages soient agréés. A travers ce ton brusque, & qui lui étoit peu familier, Mlle. Beaumesnil découvre un genre d'éloquence très-attrayant. L'originalité du personnage ne la rebute point, & elle semble disposée à accéder à ses propositions. Les conventions ne tardent pas à se conclure. La plus importante étoit déjà annoncée & devoit faciliter toutes les autres : il lui donne pour premier présent de nôces mille louis, & du reste mille écus par mois. Il demande pour retour, non de l'amour, il sait que cela ne se commande point; elle n'est pas plus libre de l'aimer, que lui de ne la pas aimer; mais il demande des égards, des caresses, tout ce qui peut le supposer, ou y suppléer. Il desire, en second lieu, qu'elle écarte tous ces freluquets, ces petits-maîtres, ces talons rouges dont l'essain fourmille autour d'elle. Enfin, il exige le plus grand secret; il craint le ridicule qui rejailliroit sur lui d'une passion si tardive. Une seule femme de chambre affidée doit l'introduire dans la nuit, & durant le jour ses visites ne doivent ressembler qu'à celles d'une multitude de gens graves, d'amateurs, de Seigneurs sensés qui viennent la voir.

L'Actrice s'étoit si exactement conformée aux intentions de M. de la *Blinaye*, qu'il étoit très-content. Leur union duroit depuis plusieurs mois, & la reconnoissance chez Mlle. *Beaumesnil* étoit si vive, si empressée, si ardente, qu'à tous les yeux elle auroit eu les caracteres d'une vraie passion, sans l'âge de l'amant & cette qualité d'*Entreteneur*, si incompatible avec l'amour. Quoi qu'il en soit, le soin même qu'avoit pris M. de la *Blinaye* pour s'assurer exclusivement de la possession de ce trésor, contraria ses intentions, & fut vraisemblablement ce qui troubla son repos & son bonheur.

Il avoit pris dans son hôtel son neveu, le Chevalier de la *Royrie*, jeune Officier aux gardes, & qu'il aimoit beaucoup, & dont il comptoit faire son héritier. Son objet étoit en conséquence de le marier promptement. Jusques-là il veilloit sur lui avec attention, & ce Militaire n'étoit pas entré pour peu dans ses raisons de tenir cachée son inclination ou plutôt sa foiblesse envers une courtisanne; il sentoit bien que ses discours n'auroient plus aucune force sur son pupille, & que son exemple auroit détruit tout l'effet de sa morale. Pour mieux le contenir, il le menoit toujours avec lui au spectacle, & c'étoit à l'Opéra ou il alloit le plus souvent. Là, quand ils étoient ensemble dans la loge, il ne manquoit pas de fe répandre en exclamations d'admiration fur le compte de fa maîtreffe. Il fixoit ainfi, fans le vouloir, continuellement les yeux de fon neveu fur Mlle *Beaumefnil*, &, à force de la lui faire diftinguer, à force d'éloges, il parvint à enflammer pour elle ce jeune homme, qui auroit pu le devenir pareillement pour toute autre dans les mêmes circonftances. Qu'on juge des ravages que devoit caufer dans un cœur novice, une paffion journellement accrue par la préfence de l'objet, nourrie de fes louanges répétées à outrance, & concentrées, réprimées par la préfence d'un Mentor févere. On concevra facilement à quel degré d'impétuofité elle devoit être. D'abord, le Chevalier preffé du befoin d'exprimer au dehors tout ce qu'il fentoit, fe contenta d'écrire à Mlle. *Beaumefnil* une lettre très-chaude, très-emportée, où la traitant comme les femmes de fon efpece, il la marchandoit & lui offroit des fommes exhorbitantes.

Cette déclaration refta fans réponfe. La paffion du jeune homme n'en devint que plus violente. Mais ce qui prouve qu'elle tenoit du caractere de l'amour véritable, c'eft-à-dire honnête, c'eft qu'il fe repentit bientôt du ftyle de fon épitre, & concevant

cevant de l'estime pour l'objet de ses desirs, se détermina à des propositions bien opposées aux premieres. Un jour, après l'Opéra, ayant quitté son oncle sous quelque prétexte, il s'informe de la loge de Mlle. *Beaumesnil*; il s'y rend, & n'en étant pas connu, il est obligé de s'annonner par sa lettre.... A ces mots, l'Héroïne de théatre ne le laissant pas s'expliquer davantage, prend un air de dignité, lui demande comment il ose s'introduire à pareil titre; lui dit que c'en est un pour elle de ne pas le recevoir & de le prier de se retirer. Confus, étourdi, pénétré de douleur, il reste & veut s'excuser; la parole expire sur ses levres. L'Actrice, interprétant mal son obstination, appelle sa femme de chambre & menace de faire venir du secours s'il persiste à l'importuner. Alors il n'y tient point, ses pleurs coulent en abondance, il sanglotte, & se jettant aux pieds de son amante dans l'attitude de la componction & du désespoir, il dit qu'il mourra plutôt que d'en être disgracié au moment où il a le bonheur d'en approcher pour la premiere fois. Il désavoue le langage d'une passion effrénée; il lui jure l'amour le plus pur & le plus respectueux; il ne demande d'autre liberté que celle de lui faire la cour, de mériter sa grace par ses hommages. Enfin, c'est moins à sa personne qu'à son cœur qu'il en veut ; c'est l'union la plus durable & la plus sacrée qu'il lui propose, lorsqu'à force de soins & de constance il aura pu mériter qu'elle le regarde plus favorablement. Un tel changement de stile, des offres si extraordinaires & si mal articulées, firent aisément concevoir à Mlle. *Beaumesnil* que c'étoit une tête tournée d'amour. Elle eut compassion de ce malheureux, & ne pouvant en ce moment avoir avec lui toute l'explication qu'exigeoit cette scene imprévue, elle se radoucit ; elle lui dit qu'il falloit remettre à un temps plus convenable une conversation qui exigeoit beaucoup de détails ; qu'elle l'attendroit chez elle le Mardi suivant, qu'elle ne jouoit pas, & où, pendant le spectacle, elle pourroit lui parler plus à l'aise. Ce peu de mots rendit la vie au Chevalier, ou plutôt il quitta la loge le plus heureux de tous les hommes. Son visage parut si radieux à quelques-uns de ses camarades en le rencontrant, qu'ils lui firent compliment & le féliciterent sur sa bonne fortune. Il étoit rempli d'une vénération trop grande envers son idole pour en plaisanter ; il s'en occupa sans relâche jusqu'au moment du rendez-vous ; il se livra à toutes les chimeres qui pouvoient passer dans une pareille tête, & vit enfin luire le jour defiré. Mlle. *Beaumefnil* avoit pris toutes les précautions néceffaires pour que le tête-à-tête ne fût pas troublé, & pouvoir épuifer à fond la matiere.

M. de la *Royrie* commença, après avoir renouvellé fes affurances de refpect, d'attachement, d'ardeur inviolable & tous les autres lieux communs des amoureux, par protefter plus amplement fur la pureté de fes vues, fur la légitimité de l'union à laquelle il afpiroit ; en un mot, déclara que c'étoit un franc & loyal hymen qu'il defiroit contracter avec elle. Il entra enfuite dans les détails effentiels fur fon nom, fa naiffance, fa qualité, fa fortune, fur les efpérances prochaines & confidérables qu'il avoit de M. de la *Blinaye*, fon oncle. A ce mot, Mlle. *Beaumefnil*, frappée de la bifarrerie des circonftances, fans lui laiffer pénétrer ce qui en étoit, fit beaucoup d'interrogations pour s'informer fi c'étoit bien le même homme qui l'entretenoit. N'en pouvant douter, elle diffimule, ne fe confirme que davantage dans fes réfolutions, lui laiffe reprendre le fil de fon difcours, & dès qu'il a ceffé de parler, lui répond :

" L'offre que vous me faites, Monfieur,
" féduifante en apparence, en éblouiroit

» beaucoup d'autres. Il est peu de mes
» camarades, sans doute, qui y résistas-
» sent : pour moi, dans tout ce que vous
» me dites afin de me déterminer, je ne
» trouve qu'une raison de plus de vous
» refuser & de vous combattre. Vous êtes
» homme de condition, au service ; vous
» attendez une fortune considérable d'un
» oncle, & vous voulez, par un hymen
» mal-assorti, vous mettre dans le cas de
» vous voir expulsé de la société, de per-
» dre votre emploi, d'être exhérédé. Je
» sais que ces sortes de mariages devien-
» nent si communs, que peut être bientôt
» on n'y fera pas plus d'attention qu'aux
» autres mésalliances ; je vois tous les jours
» des Militaires, des Officiers-généraux
» même, qui en ont fait de pareils & n'en
» restent pas moins dans leurs Corps, ou
» dans leurs grades ; enfin, sans doute, il
» est des tournures, des expédiens pour
» tenir votre turpitude secrete, la cacher
» au bon-homme & vous laisser l'espoir
» d'en recueillir impunément la succes-
» sion. Aussi je crains moins ces obstacles
» que vous-même : vous êtes à la fleur
» de l'âge, dans la fougue des passions,
» vous brûlez d'amour, & si vous pouviez
» rester toujours dans la même ivresse, je
» ferois votre bonheur ; ma possession vous

» suffiroit, vous n'auriez besoin d'aucun
» autre bien. Mais que vos yeux se défil-
» lent, que le voile tombe, je vous de-
» viendrai aussi odieuse que je vous ai
» été chere, aussi vile que je vous semble
» adorable. Vous m'imputerez vos pro-
» pres torts; & votre sottise, l'effet d'une
» séduction involontaire de ma part, vous
» la rejetterez sur moi; c'est moi qui au-
» rai dressé le piege secret pour vous en-
» lacer; je ferai une femme perfide, hor-
» rible, abominable ! Non, Monsieur,
» vous ne me ferez jamais de pareils re-
» proches : je ne puis me rendre digne
» de vos offres qu'en vous rejettant, &
» m'élever à vous, qu'en me refusant à vo-
» tre alliance trop honorable. Toute expli-
» cation ultérieure seroit superflue. Trou-
» vez bon que je vous sauve de vous-
» même par un parti extrême & néces-
» saire. C'est la premiere & derniere visite
» que vous me ferez. Et promettez-moi
» de ne plus revenir; car je vais donner
» ordre à ma porte de ne jamais vous laif-
» ser entrer. »

Cet Arrêt n'ayant pu être révoqué ni
suspendu par tout ce que le Chevalier put
dire pour arrêter la menace, il se retira
malgré lui, & Mlle. *Beaumesnil*, se doutant bien qu'il ne tarderoit pas à revenir,

prit toutes les précautions pour qu'il ne fît pas quelque nouvelle étourderie. Elle se flatta qu'entraîné par la contagion de l'exemple, il porteroit ailleurs ses hommages, ne pouvant pénétrer chez elle. Il n'en arriva pas ainsi; car le Chevalier, ayant essuyé plusieurs refus, eut recours à un de ces moyens extravagans qu'on ne connoît plus guere que dans les romans. On en sera moins surpris quand on saura qu'ils étoient devenus sa lecture habituelle: cette sorte de livres étant la plus analogue à sa situation, étoit la seule qui lui plût. Par une belle nuit, il se fait mettre une échelle à la fenêtre de sa maîtresse ; à l'aide de deux crocheteurs qui la soutiennent, & jugeant à la lumiere qu'il voyoit, qu'elle n'étoit pas endormie, il y monte & frappe aux vitres. Heureusement Mlle. *Beaumesnil* étoit seule ; elle attendoit M. de la *Blinaye*, qui étant à souper à la campagne, ne devoit venir que très-tard. Au bruit qu'elle entend, elle est d'abord frappée d'effroi ; mais bientôt une voix lamentable lui apprend que c'est la *Royrie*.... Elle est dans la plus grande perplexité sur ce qu'elle doit faire. Elle craint si elle persiste à le laisser dans cette posture, qu'il ne se casse le col, volontairement ou par accident. D'un autre côté quelle scene si l'oncle le surprenoit chez elle! Elle cherche à prévenir le danger le plus imminent : elle lui ouvre ; mais à peine est-il à ses genoux que, s'armant de tout son empire sur lui, elle lui ordonne de se retirer. Elle lui déclare qu'elle est invariable dans sa résolution ; qu'au surplus elle attend quelqu'un qui doit passer la nuit avec elle, & que si son amant le rencontroit dans sa chambre, il s'ensuivroit pour elle la catastrophe la plus funeste. Cette nouvelle fit plus d'effet que toutes les remontrances, prieres, supplications, menaces. Ce fut un coup de poignard pour le malheureux amant. La jalousie se joignant à ses autres tourmens, il est saisi de l'effroi de voir un mortel plus heureux que lui; il désespere absolument de le devenir, & sort comme un éclair. Il venoit de lire le Comte de *Cominge*, cette tragédie de M. *Darnaud*, où la scene se passe à la Trappe. Il ne voit que ce lieu propre à ensevelir sa honte & son désespoir. Il va chez lui, prétexte d'aller monter la garde à *Versailles*, prend la poste & se rend dans ce monastere.

Cependant M. de la *Blinaye* arrivoit. Il avoit, suivant son usage, renvoyé sa voiture à quelque distance, & s'acheminoit à pied & sourdement. Il voit de loin l'échelle qu'on enleve, & deux hommes la rapportant vers lui, il les arrête; les interroge & n'en peut tirer d'autre éclaircissement, sinon qu'un jeune homme comme il faut, aimable en apparence, les a rencontrés au coin de la rue, leur a demandé s'ils vouloient lui apporter cette échelle à une heure indiquée, les a payés d'avance, en leur promettant une récompense; qu'il est entré par la fenêtre chez une fille d'Opéra qui demeure là; qu'il les a satisfaits, & qu'ils remportent cet instrument désormais inutile. Le Vieillard ne pouvant douter par ce récit, que l'introduction du galant furtif n'ait été faite chez Mlle. *Beaumesnil*, est agité des plus cruels soupçons, & hâte le pas pour les éclaircir. Elle étoit encore émue de ce qui venoit de se passer avec le neveu; & la surprise où elle est de voir arriver tout-à-coup son Entreteneur, d'apprendre qu'il a vu l'échelle & tout l'appareil de l'escalade extérieure, ne fait qu'augmenter son embarras. Le jaloux le regarde comme une conviction, & veut être instruit de cette aventure. La délicatesse de Mlle. *Beaumesnil* s'y oppose; la fureur de l'amant redouble; il pique de la maniere la plus sensible son amour-propre, par les reproches les plus injurieux, les termes les plus méprisans. Alors, avec cette fermeté que donne l'innocence, & sur-tout la conscience d'une bonne action dont on se glorifie en soi-même, elle lui réplique qu'en ce moment elle a des raisons essentielles pour ne pas le satisfaire; qu'il les saura un jour; qu'elle exige qu'il s'en rapporte à son honnêteté, qu'elle lui jure qu'il ne s'est rien passé dans cette entrevue qui doive alarmer son amour ou lui déplaire; qu'après cette affirmation, toute question l'offenseroit, & qu'elle le prie de ne plus insister. Ce discours prononcé avec un calme succédant au trouble dont elle avoit été agitée jusque-là, aux yeux d'un observateur de sang-froid du cœur humain, auroit été une preuve de la vérité de ces excuses; mais le vieillard étoit trop hors de lui pour faire une remarque combinée. Sa fureur s'en irrite, & accablant la courtisanne de reproches, d'injures & de toutes les imprécations que vomit un homme aussi cruellement dupe, il lui annonce une rupture décidée. Il sort comme un enragé, & se retire chez lui : après avoir passé la nuit dans les angoisses qu'a éprouvé tout amant forcé d'abandonner une maîtresse qu'il aime encore, il tombe dans une rêverie profonde; il fait fermer sa porte le lendemain, & ne trouve d'autre remede à sa mélancolie que d'aller à la campagne. Il ne se soucioit pas de voir son neveu, dans l'état où il étoit, & instruit qu'il étoit à *Versailles*, il ordonne seulement qu'en descendant sa garde, il soit prévenu du départ de son oncle, avec ordre de le rejoindre.

La terre où étoit allé M. de la *Blinaye*, étoit précisément dans le Perche, non loin de la Trappe. Il prend un jour cette abbaye pour but de sa promenade. Les Religieux étoient occupés aux travaux de la main. En les voyant successivement, il en remarque un, dont la figure le frappe, & singuliérement ressemblant à son neveu. Sa réflexion ne va pas plus loin & il se retire. Peu de jours après il reçoit des lettres de *Paris*, où on lui apprend qu'on ignore ce qu'est devenu M. de la *Royrie*; qu'il n'a point été à *Versailles*, comme il l'avoit annoncé; qu'il a disparu, sans que, par les informations ordinaires, on ait pu apprendre sa destinée. Alors il se rappelle la rencontre du jeune Religieux, dont le visage l'a ému; il se rend en diligence à l'abbaye; il demande à parler à l'Abbé, & par les réponses de celui-ci sur le compte du novice, il ne doute pas qu'il ne soit son neveu. On le fait venir; il s'évanouit à la vue de son oncle : rappellé à lui, on l'interroge. Les jeûnes, les macérations avoient calmé l'effervefcence de fon fang & ralenti l'ardeur de fa paffion : il avoit les idées plus nettes fur les chofes, & fa vocation étant plus l'effet d'un dépit amoureux que d'un mouvement de la grace, il ne fut pas fâché de trouver cette occafion de quitter une retraite pour laquelle il n'étoit pas fait. Il rend compte de fon extravagance. A fon récit, M. de la *Blinaye* avoit peine à fe contenir. Il étoit fi enchanté de trouver fa maîtreffe innocente, d'admirer fa prudence, fa réferve, la nobleffe de fon procédé, qu'il pardonna facilement au Chevalier. L'Abbé fut le premier à exhorter le novice de rentrer dans le monde, & de fuivre fon oncle, qui vouloit bien le recevoir en grace. Tous deux regagnerent bientôt la capitale. M. de la *Blinaye* s'étant affuré des difpofitions de fon neveu, & convaincu que par fa courte mais falutaire retraite, il étoit revenu d'un délire paffé d'autant plus vîte qu'il avoit été plus violent, lui dit que, pour toute punition, il veut le ramener couvert de confufion aux pieds de fa divinité; & fans la prévenir, il le conduit chez elle. On ne paffe que d'étonnement en étonnement dans cette anecdote. Celui de l'Actrice fut extrême à la vue de ces rivaux réunis : « Madame, lui dit M. de la

» *Blinaye*, voilà deux coupables repen-
» tans, d'autant plus dignes de pardon,
» qu'ils ne le font que par amour. »
Puis se tournant vers son neveu : « Oui,
» continua-t-il, c'est moi qui vous ai
» été préféré ; c'est un vieillard septua-
» génaire qui l'a emporté sur ce que la
» jeunesse a de plus agréable & de plus
» florissant, & c'est moi qui ai eu l'indi-
» gnité de soupçonner une femme qui
» mériteroit des autels. » On entre alors
en explication de part & d'autre de tout
ce qui s'est passé ; & après avoir comblé
de loüanges leur Héroïne, les deux amans
ne la quittent que pour aller la prôner
& publier dans *Paris qu'il est encore de
l'honnêteté & de la vertu jusques dans
les foyers de l'opéra.*

Un bon bourgeois qui revenoit seul
d'un soupé de famille, où il avoit été
plus sobre que nos ancêtres ne l'étoient
en ces occasions, fut un jour rencontré
sur le boulevard par un jeune homme qui
lui demanda quelle heure il étoit. Le François se pique d'être obligeant & servia-
ble : mon badaut tire sa montre pour en
faire sonner la répétition : à ce moment
une poignée de sable la lui fait lâcher,
en le forçant de porter involontairement

les mains à ses yeux qui en étoient remplis. Ce mal momentané fut bientôt guéri, mais le jeune homme & la montre avoient disparu. Un cri mit toute la garde de ce quartier en mouvement & elle arrêta le filou pendant qu'il couroit encore pour fuir. Peut-être à Sparte un tel homme eût-il trouvé grace en faveur du stratagême, mais une exception de cette nature auroit chez nous de terribles conséquences.

Un militaire se trouva un jour, en allant à *Versailles*, dans l'une de ces voitures incommodes que l'on nomme *Pots de Chambre*, avec un officier de la bouche, d'une ampleur énorme, dont le voisinage l'incommodoit fort. Il résolut de s'en débarrasser. Au bout de quelques minutes, voilà des convulsions affreuses qui prennent au militaire. --- Mais M. qu'avez-vous donc? -- Ce n'est rien, M. répond le jeune Lieutenant en se contenant, ce n'est rien… Un moment après, les contorsions recommencent & le contrôleur de la bouche renouvelle ses questions. -- Ce n'est rien, vous dis-je, ne craignez rien, le mal n'est pas encore à un degré… -- Comment…. expliquez-vous… quel mal! -- J'ai eu, M., il y a quelques jours, le malheur d'être mordu par un chien enragé ; on m'a conseillé d'aller à la mer & je vais à *Verfailles* chercher de l'argent pour faire ce voyage... Il n'avoit pas eu le temps d'achever, que le prudent contrôleur étoit déjà en bas de la voiture. -- Bon voyage, M., il fait beau, j'aime beaucoup à marcher... Le Lieutenant continue sa route fort à son aise, en s'applaudissant de son stratagême. Son premier soin en arrivant à *Verfailles*, est d'en faire le récit ; long-temps après ; le gros contrôleur suant, essouflé, arrive pour faire son service, conte son aventure, & loin d'être plaint, il ne trouve que des rieurs qui se moquent de lui. Pas un d'eux n'auroit peut-être été plus hardi ou plus fin.

Deux Dames de qualités ayant entendu parler d'une étrangere qui racontoit l'avenir, disoit-on, mieux que les historiens les plus véridiques n'écrivent le passé, résolurent de la consulter. Elles se présentent un de ces jours chez la Bohémienne, en allant au spectacle, en grande toilette & ornées de tous leurs bijoux : *Mefdames, leur dit la vieille forciere, fi vous perfiflez dans votre deffein de fouiller dans l'avenir, il faut vous munir de courage. Tous les hommes ont un* esprit familier qui est sans cesse attaché à leurs pas & qui ne se communique point à eux, à moins qu'il n'y soit forcé par une puissance supérieure : cette puissance m'a été donnée, & je puis faire avoir à chacune de vous un entretien avec son esprit familier ; il revelera tout ce que vous desirez savoir du passé, du présent & de l'avenir, mais il est des conditions auxquelles seules, il peut se rendre visible... Quelles sont ces conditions?.. N'importe ; on s'y soumettra : on veut voir cet esprit, converser avec lui, savoir une infinité de choses... — N'y a-t-il aucun danger?.. — Non, ces esprits sont bienfaisans, leur objet est la conservation de chaque personne qu'ils sont chargés de surveiller. — Renvoyons nos carrosses, ma chere, ceci vaut bien mieux que Janot, je veux jaser tout à mon aise avec ce brave esprit qui est si fort de mes amis & qui me dira sans doute les choses les plus intéressantes... Bonne Dame, parlez vite, que faut-il faire?.. — Il faut vous dépouiller de tous les ornemens qui voilent la dignité de l'homme, qui annoncent des idées & des vues toutes matérielles. Adam lorsqu'il conversoit avec les esprits, étoit dans une parfaite nudité ; cet état est plus rapproché d'eux, *il....* — *Comment nues ? il nous faut être nues comme l'étoit Adam ?* — *Oui, Mesdames, il ne faut pas que le moindre vêtement étranger, le moindre accessoire matériel vous dépare, il faut paroître entiérement dégagées de tous les objets terrestres. Au reste que craignez-vous ? personne hors votre esprit familier ne vous verra ; vous êtes en sûreté ici.* Les belles Dames se déshabillent tout en faisant des réflexions sur cette singuliere cérémonie : Robes, linge, joyaux & ajustemens sont déposés dans une chambre; quand elles sont dans l'état de simple nature, on les fait passer chacune dans un cabinet séparé dont on referme soigneusement la porte. — *C'est à moi à faire le reste*, dit la sorciere, *attendez maintenant l'effet de mes incantations, vous ne tarderez pas à l'éprouver.* Au bout de quelques minutes seulement, les belles dépouillées avoient déjà peine à contenir leur impatience : ce fut bien pis quand au bout d'une demi-heure, d'une heure, de deux heures enfin, le même silence, la même solitude regnoient autour d'elles. Elles éclatent à la fois; au même moment l'idée leur vient à toutes deux qu'elles pourroient avoir été trompées ; elles se mettent à crier de toutes leurs forces & bientôt à s'évanouir de frayeur. Des voisins accoururent : tout étoit fermé, il fallut appeller un Commissaire, il arrive avec sa sequelle, on enfonce les portes & l'on voit deux femmes qui offroient à tous les regards un spectacle assez agréable, mais elles avoient perdu connoissance. Les secours qu'on leur donna, leur rendirent le sentiment : ce fut celui de la honte de se trouver dans un pareil état exposées aux yeux de la multitude. Le désespoir d'avoir été volées & cruellement abusées, s'y joignit bientôt. La vieille après les avoir renfermées avoit quitté l'hôtel garni où elle demeuroit, & en payant son loyer sous prétexte d'un départ précipité, n'avoit éprouvé aucune difficulté à emporter toutes les nippes des Dames curieuses. Elles n'apprirent donc autre chose, sinon qu'il falloit plutôt croire aux frippons qu'aux esprits & aux sorciers.

Un jeune tapageur attendoit un fiacre sur la place dans le fauxbourg *S. Antoine* : un seul arrive, il monte dedans --- *Fouette, cocher, au Colisée!* C'étoit proposer au cocher de parcourir au delà du plus long diametre de *Paris*. -- *M.*, répond le cocher avec le plus beau sang froid, *je ne vous conduirai pas.* --- *Drôle, tu marcheras!* --- *Non, M., je vous le répete*. Grande altercation : opiniâtreté d'une part, & de l'autre, colere qui s'échauffe au plus haut degré. --- *Monsieur,* reprend le Fiacre avec un air très-philosophique, *je vais vous prouver que je n'aurai pas l'honneur de vous conduire : vous allez tirer l'épée & m'en frapper, je vous riposterai par un bon coup de fouet, vous me passerez votre épée au travers du corps ; donc je ne vous menerai pas.* Le jeune homme vaincu par l'excellente logique du Fiacre, descendit sans repliquer & le laissa là.

La maison qu'occupoit M. C****** dans le temps de son opulence, donnoit sur le jardin des Jacobins. Ce Financier avoit une niece fort jolie à laquelle étoient attachées deux femmes de chambre qui ne le cédoient point en agrémens à leur maîtresse. Ces trois jeunes personnes prirent goût à lorgner des novices jacobins qui comprirent les œillades, escaladerent les murs & grimperent dans la chambre de la Demoiselle. Les orgies amoureuses durerent trois jours. Le maître de la maison craintif & défiant, comme le sont les riches, entend du bruit pendant la nuit, fait venir son portier, lui reproche sa négligence & lui témoigne ses inquiétudes. On fait des recherches & tout se découvre. La niece a été renfermée dans un couvent, les suivantes à l'hôpital & les novices.... peut-être jugés très-dignes d'être moines. On a ignoré leur fort.

La Demoiselle *Duthé*, l'héroïne de nos filles, a un jour essuyé une espece de correction qui l'a un peu humiliée. Un équipage pompeux s'arrête à sa porte; un jeune homme en descend, entouré de valets superbement habillés; le jeune homme monte & s'annonce pour un étranger de la plus haute distinction; il hasarde un tendre aveu & l'appuie d'une promesse très-séduisante. La belle touchée par le singulier de l'aventure & plus encore par la somme d'argent offerte, céde aux tendres sollicitations de l'étranger qui, lorsqu'il s'en sépara, eut soin de déposer sur la toilette une bourse très-pleine. A peine étoit-il parti que la Dlle. *Duthé* ouvre sa bourse & n'y trouve que des jettons de cuivre. On a su le lendemain que le prétendu Seigneur étranger étoit un valet de chambre qui avoit pris la livrée & le carrosse de son maître & avoit engagé les laquais ses camarades à le servir dans cette galante supercherie. La Dlle. *Duthé* est désolée de l'aventure & se promet bien, dit-on, de ne plus conclure de marché sans avoir ouvert la bourse & sans connoître mieux ceux qui aspireront à ses faveurs.

Un jeune homme alloit prendre possession d'une terre dont il venoit d'hériter ; il menoit avec lui une Demoiselle de société joyeuse ; sa voiture se rompt près d'un château ; il est obligé d'y entrer pour demander l'hospitalité. Introduit dans le sallon, il reconnoît plusieurs femmes de qualité dans la société desquelles il vivoit à *Paris* ; il annonce sa compagne pour une Dame de haut parage dont le château étoit voisin du sien, & lui recommande à l'oreille, de bien soutenir son rôle. En attendant le rétablissement de la voiture, on propose aux voyageurs une partie de *Brelan* : la soi-disant Dame entendoit mieux un tout autre jeu ; mais enfin la voilà au *Brelan*, dont elle avoit quelques notions. A un coup considérable qu'elle avoit tenu, la Dame du château abat *Brelan*. « Ah, je m'en f... s'écrie la fille, je l'ai supérieur »... Son écuyer lui lance un regard sévère : pour raccomoder la chose, elle se hâte de dire sans se déconcerter : » Je vous demande pardon, Madame, je ne m'en f... pas. »

Les *Gardes du Commerce*, (*Officiers* chargés d'arrêter les débiteurs *contraints par corps*) ont par fois des aventures fort désagréables. Un d'eux se présente chez un Marchand pour l'arrêter : celui-ci se réfugie dans une chambre aux entresoles d'où pendant que l'*Officier* le suivoit, il se sauve en sautant de sa fenêtre sur celle de la maison voisine. Le Garde du Commerce étonné de le voir disparoître, monte sur l'appui de la fenêtre & considere en vain comment & où il a passé. Le débiteur avoit trouvé un asyle : sa femme saisit l'instant favorable, pousse le Garde & le fait tomber dans la rue où il se casse un bras & une jambe. De-là deux plaintes criminelles, celle de l'Officier de police & celle de la marchande qui, bien conseillée, l'a accusé d'avoir négligé ses fonctions & laissé fuir le mari pour satisfaire sa passion avec la femme. Il vouloit, dit-elle, la violer & en se défendant près de la fenêtre qui est en effet très-basse, elle l'a repoussé assez violemment pour le précipiter ainsi.

M. Henri *Masers de la Tude* ingénieur fut mis à la *Bastille* en 1749, d'où il fut transféré aux Donjon de *Vincennes*. Il eut l'adresse de s'évader en profitant du peu de liberté que lui procuroit la protection que M. *de Silhouete*, Chancelier de M. le Duc *d'Orléans*, lui avoit accordée auprès de M. *Berryer* alors Lieutenant de Police. Six jours après cette évasion, ne se sentant coupable que d'imprudence il s'abandonna à la bonté paternelle de *Louis XV*. & M. *Quesnoy* Médecin de ce Prince lui promit sa grace. On ne lui tint pas parole, il fut conduit à la *Bastille* où M. *Berryer* vint l'interroger & voulut savoir comme il s'étoit évadé de *Vincennes*. Son adresse à enfermer le porte-clef, à tromper les sentinelles fit rire le Magistrat, mais des torts qu'il avoit avec Mad. de *Pompadour* le firent habiter 18 mois un cachot. Le Lieutenant de police fatigué de ses lettres & ne le regardant point comme coupable, adoucit les rigueurs de cette persécution, & l'associa à un compagnon d'infortune, également persécuté par cette femme impérieuse & vindicative, en lui promettant la liberté au premier changement de la Cour. Cependant la Marquise pouvoit régner encore 15 ans; notre prisonnier prit la résolution d'abréger sa détention. Il réunit la patience & le courage, aux ressources de l'esprit & aux connoissances qu'il avoit en mathématiques. Il falloit se procurer 14 cens pieds de corde, deux échelles, l'une de bois de 25 pieds, & l'autre de corde de 180; il falloit arracher plufieurs grilles de fer, & percer dans une feule nuit une muraille de plufieurs pieds & cela fans inftrumens, & fans pouvoir obtenir ni chanvre ni fil. Ce projet fut rejetté de l'autre prifonnier comme impraticable. Cependant M. de la *Tude* ne fe rebute pas, les obftacles l'irritent, il parvient à fe procurer la liberté en défilant fes chemifes, fes bas, fes caleçons, & en fe procurant ainfi les cordes néceffaires à fon deffein. Les barreaux de fer paroiffoient des empêchemens invincibles: avec deux fiches de fer qui foutenoient fa table, il fit du briquet une efpece de couteau; avec deux de fes chemifes, il fe procura 55 pieds de corde; avec le bois qu'on lui apportoit pour fe chauffer, il conftruifit une échelle de 20 pieds de long; c'eft par le moyen de ces échelles qu'il parvinrent après un travail de fix mois à ébranler & à arracher les barres de fer qui ornent les fenêtres & les cheminées de ce lieu folitaire. Après le détail induftrieux de tous les préparatifs des machines, échelles, cordes dont on avoit befoin pour s'évader, M. de la *Tude* & fon camarade d'*Alyre* fortirent par la cheminée de leur chambre le 25 février 1756; ils defcendirent dans le foffé où il y avoit

4 pieds d'eau, & après avoir enlevé plus de deux tombereaux de pierre du mur qui sépare la *Bastille* de la porte *S. Antoine*, ils furent libres, & se réfugierent à l'Abbaye *S. Germain*. Craignant toujours la vengeance implacable de la Marquise de *Pompadour*, ils résolurent de sortir de *France*; ils arriverent l'un après l'autre à *Bruxelles*. *D'Alyre* qui étoit parti le premier, y fut arrêté avant que M. de la *Tude* y fut arrivé : celui-ci ne trouvant point son camarade à l'auberge qu'il lui avoit désignée & d'où il avoit reçu des lettres de lui, garda son déguisement de paysan, & partit le jour même pour *Anvers*, avec un ramoneur qui étoit dans la barque & qui alloit comme lui à *Amsterdam*; il sut par cet homme, comment *d'Alyre* avoit été pris, parce que cet enlevement avoit fait grande sensation dans *Bruxelles*, & les recherches qu'on faisoit pour arrêter un autre prisonnier d'état françois qui s'étoit sauvé avec le premier. On pouvoit savoir à *Bruxelles* qu'il y avoit un homme qui y étoit arrivé, & qui étoit parti le même jour pour *Anvers*; on pouvoit se rendre en 4 heures dans cette ville. M. de la *Tude* ne jugea pas à propos d'attendre le départ de la barque de *Roterdam* : sous le prétexte d'être obligé de

de passer à *Berg-op-zoom* pour s'y faire payer d'une lettre de change, il quitta son ramoneur, & se rendit à pied & le plus vîte qu'il lui fut possible sur les terres de *Hollande*; de là il fut à *Amsterdam* où il trouva plusieurs de ses compatriotes avec lesquels il se lia d'amitié, & auxquels il fit connoître sa position; on fit une consultation avec les plus célebres jurisconsultes pour savoir & pour s'assurer s'il seroit à l'abri des persécutions de la Marquise de *P*. On lui dit qu'il ne seroit jamais livré par les Etats pourvu qu'il fût tranquille ; mais la puissance du Roi de *France* peut-elle trouver quelque résistance ? M. de *la Tude* fut reclamé par l'Ambassadeur; ses lettres furent interceptées quoique adressées sous d'autres noms & à différens bureaux; on ne lui envoya que celle de son pere qui contenoit une lettre de change, & au moment où il alloit en recevoir le montant, il fut arrêté chez le banquier le 1er juin 1756 & conduit à la *Bastile* dans un cachot obscur, les fers aux pieds & aux mains. C'est de là que le 14 avril 1758 il adressa à *Louis XV.* un mémoire détaillé pour faire prendre à tous les officiers & sergens des fusils au lieu de spontons, & par ce moyen renforcer nos armées de 25 mille fusiliers.

Tome I. E

Par un 2me. mémoire envoyé le 3 juillet de la même année, il procura au Roi plus de douze millions de revenu. Ces services n'adoucirent point ses ennemis, ni sa situation; ce ne fut qu'au débordement de la riviere qu'il dut sa sortie de ce cachot après 40 mois de séjour. On lui donna une chambre particuliere où il devoit attendre la disgrace ou la mort de sa persécutrice. Son camarade d'*Alyre* devint enragé en 1776, il fut transféré à charenton où l'on permit à M. de *la Tude* de le voir; il lui rappella leur évasion, le pauvre d'*Alyre* ne se souvenoit de rien, il lui répondit qu'il étoit Dieu. Cependant Mde. de *P*. mourut au mois d'avril 1764; des Demoiselles qui demeuroient à la porte *S. Antoine*, à qui il avoit jetté un paquet qui les instruisoit de son malheur & des causes de sa détention, lui apprirent cette mort en lui montrant un papier où il y avoit ces 4 mots : (hier 17 la M. de *P*. est morte.) Il écrit aussi-tôt à M. de **** pour demander sa liberté, puisque les causes de son esclavage ne subsistoient plus; le Lieutenant de police surpris de le voir instruit de cette mort vient à la Bastille pour savoir qui la lui avoit apprise. M. de *la Tude* ne le satisfait point, & le Magistrat le menace de prolonger ſes peines; tourmenté par les lettres du priſonnier, il répondit qu'il travailloit pour lui *efficacement*. Tous les officiers de *la Baſtille* qui avoient annoncé à M. de *la Tude* ſa liberté furent fort étonnés qu'il ne l'obtint pas; on crut que l'or de M. de *Marigny* avoit tenté M. de ****. Le priſonnier au déſeſpoir le lui reprocha dans une lettre qu'il donna toute décachetée afin qu'elle fût lue; la réponſe fut un cachot; comme cette conduite du Magiſtrat étoit fort blâmée des officiers de *la Baſtille*, la nuit du 14 au 15 août M. de **** fit envelopper le priſonnier de chaînes de fer, & il fut conduit au Donjon de *Vincennes* dans une cachoterie. M. *Guyonnet*, Lieutenant de Roi, homme honnête & ſenſible, ſe laiſſa toucher par le récit des maux & des aventures de M. de *la Tude*, il ſollicita pour lui & obtint qu'il ſortiroit du cachot, & qu'il ſe promeneroit deux heures par jour dans les foſſés du Donjon accompagné de deux fuſiliers. Il jouiſſoit depuis 8 mois de cette faveur que l'humanité lui avoit obtenue lorſque le 23 octobre 1765, il s'éleva un brouillard aſſez épais pour lui faire naître l'idée d'une évaſion. Il pouſſe les deux ſentinelles qui l'environnoient, le ſergent & toutes les ſentinelles qu'il rencontre, entre dans les bois, franchit les murs, se cache jusqu'à la nuit, & va trouver les deux Demoiselles à qui il avoit jetté un paquet & qui lui avoient appris la mort de Mde. de P. De là il écrivit à M. de **** pour lui promettre de le ménager, d'oublier toutes ses injustices, pour le prier de lui remettre tous ses papiers: il demandoit dix mille écus en avancement de récompenses qu'il croyoit mériter pour avoir donné l'idée de la réforme des spontons, & dont M. de **** devoit se rembourser lorsque M. de *Choiseul* lui auroit accordé un traitement. Pour être instruit que ses propositions étoient agréées, il demandoit qu'on posât deux croix en noir sur deux endroits désignés; M. de **** ordonnna aux Srs. *Huot Marais*, & *Receveur* exempts de Police de mettre les signaux convenus sur les deux Portes des *Thuilleries*; ils le firent sur deux grandes feuilles de papier qui furent enlevées par les premieres personnes qui passerent. M. de *la Tude* prétend que les exempts les virent enlever, & qu'ils ne les renouvellerent pas; il croit qu'ils étoient payés pour lui nuire, & que M. de **** étoit de bonne foi ; ce Magistrat voyant qu'il ne répondoit point aux signaux de paix qu'il avoit ordonné de faire, crut qu'il le trompoit ou qu'il se moquoit de lui ; il prévint défavorablement d'après cette démarche, M. le C. de *la Marche*, M. le M. de *Noailles*, & M. de *Silhouette* ses protecteurs, & il résolut de le perdre ; M. de *la Tude* ignoroit qu'on eut fait les signaux, il étoit dans une incertitude cruelle, il alla trouver un de ses amis, le Chevalier de *Mehégan*, de qui il apprit qu'on le faisoit chercher, qu'on promettoit mille écus à celui qui porteroit son adresse, & qu'on avoit donné son signalement à toutes les Maréchaussées de *France* ; le même ami lui conseilla d'aller se jetter aux pieds du Roi à *Fontainebleau* pour lui demander justice. Il écrivit au Ministre de la guerre en le priant de lui permettre de se présenter à lui le 18 décembre 1765 & de ne le point faire arrêter qu'il ne lui eut accordé un moment d'audience, qu'il se rendroit ensuite en prison, si le Ministre l'exigeoit ; le 27 il étoit chez M. de *Choiseul*. Malgré tous les gens intéressés à le sauver, à peine l'eut-on annoncé qu'il fut lié, garotté, jetté dans un carrosse & conduit au Donjon dans le cachot noir, d'où il n'est sorti que lorsqu'en 1783 M. le Card. de *Rohan* chargé d'examiner les causes qui retenoient dans les prisons, ceux qui y étoient à la naissance de M. le Dauphin, l'a trouvé à dix pieds sous terre, au pain & à l'eau, couvert des haillons de l'indigence, avec une barbe ayant treize pouces de longueur.

M. de *la Tude* est de *Montagnac* en *Languedoc*, il avoit été enfermé ainsi que M. d'*Alyre* pour avoir écrit à Mde. de *P.* que ses ennemis cherchoient à l'empoisonner.

Un de nos Financiers de la première classe, & ce qu'il y a de plus singulier, l'héritier de riches ancêtres, est le fruit d'amours qui trouvent rarement grace devant les courtisans de Plutus. Celui qui donna le jour à M. de *Savalette* conçut à l'âge de vingt ans la passion la plus violente pour la fille d'un Vinaigrier qui toutes les semaines apportoit sur une petite brouette la provision de la maison. Le jeune homme avoit inutilement essayé de faire sa cour à la Demoiselle ; l'honnêteté du pere, les vertus dont elle avoit reçu de lui des exemples & des leçons, éloignoient les adorateurs, & notre amoureux étoit consumé d'une passion à laquelle l'espérance même étoit refusée : il en tomba malade ; une mélancolie secrete le conduisoit au tombeau, lorsque son pere qui l'aimoit tendrement, qui n'étoit pas entière-

ment asservi aux préjugés de son état, & qui savoit apprécier la vertu sous tels dehors qu'elle se montrât, apprit la cause de son mal, eut la générosité de lui pardonner & même de lui permettre l'espoir du remede. Le Vinaigrier avoit de son côté fait la même découverte dans le cœur de sa fille, lorsqu'il sut ce qui se passoit chez le Financier son voisin & sa pratique; un beau matin il entre chez lui avec toute la familiarité d'une ancienne connoissance & pénetre en poussant sa brouette jusqu'au cabinet du Crésus, traversant malgré les efforts des domestiques, une suite de pieces richement ornées au rez-de-chaussée. Le Financier est étonné de la visite & de l'attirail qui précédoit « M., lui dit le Vi-
» naigrier, cette brouette doit être plus
» éloquente que moi pour la demande
» que je viens vous faire. Nos enfans s'ai-
» ment, ils sont sages & bien élevés tous
» deux, il faut en bons peres que nous les
» unissions; voici la dot de ma fille, c'est
» un bien dont je n'ai pas à rougir, le
» fruit de mon économie pendant qua-
» rante ans de travaux que le ciel a fait
» prospérer » En disant ces mots, le bon homme ouvre le baril de sa brouette; il en sort plusieurs milliers de louis d'or qui surprirent étrangement le Financier & ne

contribuerent pas peu à hâter l'union des deux amans. De ce mariage long-temps heureux font nés plufieurs enfans; ils n'ont perdu que depuis peu d'années une mere refpectable par des fentimens & des vertus qui n'accompagnent pas toujours l'éclat d'un haut rang. M. *Mercier* a changé un peu cette aventure pour en faire le fujet du drame intitulé : *la Brouette du Vinaigrier*. Dans cette piece, c'eft le fils même de l'artifan qui époufe la fille d'un négociant dans le moment que celui-ci éprouve une faillite qui entraîne fa ruine.

Quand une jeune fille n'a pas eu affez de force pour combattre la nature & une paffion qui quelquefois, n'a dans fon principe rien de répréhenfible, il eft rare qu'elle ne trouve des moyens pour cacher les fuites de fa foibleffe. Le mal eft fait une fois, il femble que des parens fages & prudens doivent fe mettre de moitié avec la victime infortunée de l'amour & des conventions. Il faut attendre que l'effet du vin foit diffipé pour faire la leçon à un homme qui s'y livre trop & comme dans les intrigues de cœur la publicité eft fouvent le plus grand mal, des parens bourrus & emportés ont plus de tort qu'une fille fenfible & fans expérience, lorsqu'ils ne l'aident pas à cacher sa faute. Mad. de C*** mere respectable & adorée de ses enfans pense ainsi, mais elle est unie à un homme dont les principes sont très-différens. Un jour elle découvrit un mystere que sa fille s'étoit efforcée en vain de lui cacher; elle en obtient l'aveu; un cœur simple & innocent ne peut employer long-temps la dissimulation avec une mere tendre & chérie. Mad. C*** essuye les larmes de sa fille, & lui promet son secours, pour dérober cette aventure à un pere redoutable. L'inimitable mere feint qu'elle est elle-même enceinte, & selon l'usage qu'elle avoit établi dans son ménage, interdit à son mari l'entrée de son appartement, à toutes les heures où il auroit pu dévoiler le mystere; des hardes artistement arrangées, de petites précautions de santé, & des soins de diverses especes annoncent à tout le monde la grossesse de Mad. de C***. Le moment fatal approche; cette mere généreuse paroît desirer que sa fille soit témoin de toutes les circonstances de l'accouchement, pour lui servir d'utile leçon; le chirurgien étoit dans le secret; quand le pere entre il voit sans surprise dans le lit avec la prétendue accouchée, sa fille qui feignoit d'être malade de l'effet du spectacle touchant auquel elle voit aſſiſté; il donne mille témoignages de tendreſſe à un petit fils, qu'il croyoit lui appartenir de plus près; l'enfant eſt nourri dans la maiſon; ſa mere véritable a du moins la conſolation de l'embraſſer comme ſon frere. Elle peut aujourd'hui le regarder ſans rougir, puiſqu'elle s'eſt unie à celui auquel il doit le jour. Elle n'a pas ceſſé d'être vertueuſe, quoiqu'elle ait commis un attentat contre la vertu. Quelles ſuites cruelles auroit eues avec une mere moins indulgente, une foibleſſe excuſable à bien des égards!

Un jeune homme avoit aſſigné un rendez-vous à une Demoiſelle fort aimable & qui étoit ſous l'aile de ſes parens. Elle s'échappe pour quelques inſtans, & vole au jardin du *Luxembourg* qui étoit le lieu indiqué: elle y trouve en effet ſon amant; ils ſe diſent des choſes fort tendres & en viennent même à des aveux qui n'étoient que trop naïfs: un libertin ruſé les écoutoit avec attention. Les amans ſe ſéparent & vont chacun de leur côté. Le ſpectateur malévole ſe montre à la Demoiſelle qu'il avoit ſuivie, au moment même qu'elle rentroit chez ſes parens; la jeune perſonne eſt effrayée; elle l'eſt bien davantage quand cet homme peu délicat lui dit : « J'ai en-

» tendu votre converſation avec M. ***,
» car j'ai appris ſon nom de vous-même;
» je me rappelle juſqu'à la derniere ſyl-
» labe de vos propos ; ils n'étoient pas
» tout-à-fait innocens ; en conſéquence
» j'entre avec vous chez vos pere & mere
» & je les inſtruis de tout. » La Demoiſelle alarmée ſe jette à ſes pieds, pleure:
il eſt inexhorable, enfin il lui dit : « Vous
» me touchez, je veux bien vous garder
» le ſecret, mais c'eſt à une condition. »
La Demoiſelle eſt accablée de déſeſpoir
quand elle eſt informée de la condition ;
cependant le coquin perſiſte ; enfin la pauvre fille toujours épouvantée & redoutant
qu'il n'entrât chez ſes parens n'obtient qu'à
ce ſeul prix la pitié & le ſilence de ce ſcé-
lérat. Ce qu'il y a de plus affreux, il court
ſe vanter par tout de ſa bonne fortune :
le bruit en eſt venu aux oreilles des parens qui ont fait renfermer la Demoiſelle : elle ſe voit aujourd'hui déshonorée, &
aſſûrément elle ſeroit rejettée de ſon amant
quand même elle lui ſeroit rendue. Voilà
un exemple des ſentimens de nos agréa-
bles qui font les délices des ſociétés de
bon ton & ſe glorifient de l'épithete de
roués dont ils mériteroient la réalité.

La Demoiſelle *Quincy*, courtiſanne aſsez jolie, avoit un jour par malice ou par étourderie, donné rendez-vous, pour le même soir, à trois différens personnages. Les trois galans se sont rencontrés ; au moment qu'ils se débattoient & qu'ils se plaignoient de la générosité de la Belle qui vouloit faire tant d'heureux à la fois, a paru un quatrieme qui la tenoit par la main & dit assez plaisamment aux autres : ,, Messieurs, je suis le véritable amphi-,, trion : dans une couple d'heures je ,, pourrai ramener Mlle. En attendant ,, je vous conseille de réfléchir sur la bi-,, zarrerie de la circonstance & sur la fidé-,, lité des femmes.,, Il est bon d'observer que les trois infortunés étoient un Abbé, un homme de robe & un Financier : celui qui parloit si haut étoit un Officier à larges épaules, âgé de 22 ans, qui ne demandoit pas mieux que d'insulter à la confusion de ces Messieurs.

Qu'on dise que nos filles galantes ne connoissent pas la force du sentiment; la petite anecdote suivante convertira sur ce sujet les incrédules. Une de ces Demoiselles à la mode avoit un beau perroquet qu'elle aimoit *plus que sa vie*. Elle eût donné tous ses amans pour l'oiseau chéri ; le voilà qui s'envole ; un bel esprit qui

voudroit profiter de l'occasion diroit que cette fuite étoit un mauvais augure pour la Demoiselle, & qu'elle lui annonçoit que l'amour s'envoloit avec le perroquet : quoi qu'il en soit, voilà la nouvelle *Lesbie* qui pleure, qui s'arrache les cheveux ; dans sa douleur elle s'écrie : ,, Ah ! mon pau‑
,, vre perroquet, je ne sais ce que je don‑
,, nerois pour te ravoir ; ma foi, qui me
,, le rapporteroit, coucheroit avec moi.,,
C'est Vénus qui fait la promesse de payer d'un baiser le retour de son fils. Le lendemain de ce serment paroît un grand porteur d'eau très-robuste tenant le perroquet sur sa main. --- ,, Mademoiselle, j'étois
,, hier dans votre cuisine, j'ai entendu ce
,, que vous promettiez, cela m'a mis le
,, cœur au ventre, bref voilà votre oiseau
,, que j'ai retrouvé, vous êtes trop hon‑
,, nête Demoiselle pour m'escroquer ma
,, récompense. ,, Qui fut un peu embarrassé, ce fut la maîtresse du perroquet ; un porteur d'eau salir la couche où l'on recevoit M. le Duc, M. l'Evêque, M. le Président ! Elle offrit une somme d'argent assez considérable ; --- ,, Eh fi donc, Made‑
,, moiselle, ce n'est pas là mon paiement,
,, je ne veux point d'argent, mais avoir
,, l'honneur, comme vous l'avez promis,
,, de coucher avec une aussi jolie personne

« que vous ; allez, quoique je ne fois pas « un gros Seigneur, *Jacques* en amour « vaudra bien un autre. » La Demoifelle qui fe piquoit de nobleffe dans fes procédés, pouffe un grand foupir, le refte des combats de fon orgueil, & accorde fans réferve au porteur d'eau la récompenfe promife. Elle dit affez plaifamment en fortant de s'acquitter : « Je n'en fuis pas fâ-« chée, *Jacques* eft un homme tout com-« me un autre; » & elle courut oublier avec fon perroquet le prix qu'il lui avoit coûté.

M. de *la Reyniere*, fils du Fermier général de ce nom, a donné un fouper célebre pour fa fingularité. La forme & la formule des billets d'invitation étoient celles des billets d'enterrement. Comme il eft originaire de *Provence* & parent d'un chaircuitier, il annonçoit que l'huile & le cochon ne manqueroient pas (ce font fes termes.) Entre dix-fept fervices, il y en a eu un tout entier qui a parfaitement juftifié l'annonce. Les convives ont fait fpectacle fur la fin du feftin ; le public a été introduit & a circulé autour d'une baluftrade qui environnoit la table. On a diftribué aux amateurs les fuperbes débris de ce fuperbe feftin. M. de *la Reyniere* a fini par les prier de publier ce qu'ils venoient de voir. Comme toute singularité a ordinairement un motif, on prétend que celle-ci a eu pour objet d'humilier la hauteur de Mad. de *la Reyniere*, mere de l'hôte singulier. Il n'y avoit pas un seul des convives qui ne fut un bon roturier.

Quand on eut apposé les scellés sur les effets de feu M. de *Chateaublanc*, inventeur & entrepreneur de l'illumination de Paris, on entendit les cris d'un jeune chat renfermé dans une armoire : la pauvre bête effrayée sans doute de l'appareil de *Thémis*, avoit été se cacher dans un des réduits que les sceaux de cette Déesse rendoient impénétrables. On ne crut pas qu'un misérable chat valut les frais de convocation de Commissaire, procureurs & témoins, nécessaires pour faire l'ouverture de l'armoire : peut-être aussi les héritiers craignirent-ils que l'ame du défunt ne se fut fourrée là sous la forme d'un chat ; & ils ne se soucioient pas qu'elle revit la lumiere. Enfin les scellés furent levés, & l'on fut fort étonné de voir le jeune Rominagrobis bien maigre, mais très-vivant après une prison & un jeûne de vingt-quatre jours.

Le fils d'un marchand de cette ville, étoit dans une penſion pour y faire ſes études : il s'engagea dans un régiment en garniſon à *Eu*, dans le pays de *Caux* & y fut envoyé ſur le champ. Arrivé là, l'argent lui manque, il écrit à ſon pere pour lui en demander, mais celui-ci trop irrité, ne lui fait pas de réponſe. Le jeune ſoldat s'adreſſe à ſes anciens camarades, & leur expoſe ſa miſere. Leurs petits cœurs s'émeuvent, leurs têtes ſe montent ; ils mettent en commun tout ce qu'ils poſſedent ; & parviennent à former une ſomme de 60 liv. On en charge le plus âgé, qui ploie le tréſor dans une papillote, l'inſere dans une lettre & la préſente à la poſte pour l'affranchir. Le commis s'apperçoit que la lettre contient de l'argent, la refuſe & demande trois livres pour le port de l'argent. L'écolier pris au dépourvu, ne voulant point entamer les deniers publics, reprend ſa lettre, revient chez ſon pere, vend ce qu'il a, ſe procure par ce moyen violent cinq petits écus ; part à pied pour la ville d'*Eu*, & remet le dépôt dans les mains de celui même auquel il étoit deſtiné. Ce départ inquiéta fort le pere de l'enfant, ſur-tout quand il apprit la commiſſion qu'il avoit acceptée ; mais il eſt revenu après avoir rempli des obligations qu'il regardoit comme sacrées; il a repris ses fonctions avec toute la modestie d'un cœur satisfait, & probablement convaincu de bonne-heure, qu'il est plus doux de donner que de recevoir.

Un officier général étoit en voyage : il voulut passer la nuit dans un château abandonné : on essaya de l'en détourner sous prétexte qu'une quantité d'esprits s'en étoit emparée & que probablement ils lui feroient mal passer son temps. Trop éclairé pour avoir peur des revenans, trop brave pour être effrayé par ceux qui auroient voulu les contrefaire, pressé d'ailleurs par un temps affreux qui ne lui permettoit pas de passer la nuit à la belle étoile, mon Général s'étend tout armé sur un lit de camp & y dort profondément. Peu après s'être couché il voit entrer une compagnie d'hommes & de femmes bien vêtus & qui lui paroissent fort joyeux. On sert un grand souper & l'on alloit se mettre à table lorsqu'une des Dames jette les yeux sur le lit où étoit l'étranger, court à lui & l'engage par mille propos obligeans à prendre sa place au festin. Après le souper un orateur de la compagnie s'adresse au Général & lui dit : *M., nous sommes les gardiens d'un trésor qui vous appartient, suivez-nous, on vous le remettra.* La société joyeuse l'entraîne dans un champ. *Là, lui dit-on, à cet endroit même, sont déposées dans le sein de la terre, les richesses que nous devons laisser en votre possession.* A ces mots tout disparoît. Le Général sans instrumens, sans secours au milieu de la nuit est obligé de remettre au lendemain les fouilles qu'il falloit faire pour découvrir le trésor. Il craint de ne plus reconnoître la place; l'idée lui vient de la marquer en satisfaisant à la fois à un besoin pressant qui lui étoit survenu; ce projet est exécuté : un moment après il s'éveille ; il avoit fait un beau rêve, il retrouve dans son lit la marque qui devoit lui servir de renseignement, mais le trésor n'y étoit pas.

Un Fermier général aimoit sa femme, & s'en croyoit adoré, il étoit d'une gaieté cruelle & sans exemple, quand il pouvoit médire des autres femmes; il insultoit aux victimes de leurs galanteries, & après toutes ses déclamations contre les deux sexes, il finissoit par vanter son sort. ,, Pour moi, ,, disoit-il, j'avoue que j'ai dans mon lot ,, le bonheur de tous les autres; j'aime ,, assez ma femme & la tête lui tourne ,, d'amour pour moi. ,, Notre Financier dormoit paisiblement sur cette heureuse idée ; il reçoit un billet qui contenoit ces mots : ,, Vous êtes un impertinent avec ,, votre bonheur que vous nous jettez au ,, nez ; mon ami, vous êtes cocu tout ,, comme un autre, & si demain matin ,, vous voulez vous en convaincre par vos ,, propres yeux, montez vers les neuf ,, heures à votre grenier, & vous trou- ,, verez Madame dans une situation non ,, équivoque. ,, Le Financier déchire le billet, le met en morceaux, & reste bien convaincu que l'avertissement n'est qu'une insulte qu'on prétend lui faire. Cependant il prend la résolution de tenter l'aventure. Le lendemain à l'heure indiquée, il monte au grenier, & avant que de voir, il entend ces paroles très-claires : ,, Eh ! Guillaume, ,, laisse-là tes chevaux & panse-moi, car ,, j'en ai plus besoin qu'eux ; mon benêt ,, de mari... ,, L'époux furieux ne laisse pas achever, il se précipite vers l'endroit d'où partoit ce galant entretien : sa femme l'apperçoit, elle se retire majestueusement ; il veut lui donner des coups, elle, comme un nouveau Thémistocle : -- ,, Frappe, ,, mais écoute ! j'en avois une furieuse ,, envie, & ton cocher m'a paru un hom- ,, me sans conséquence ; je ne t'en aimois ,, pas moins, crois-moi, n'allons pas nous

« brouiller pour des bagatelles de tem-
» pérament; mon ami, le cœur fait tout. »
Le Financier étoit demeuré immobile,
ſtupide d'étonnement; il ne s'attendoit pas
à cette audace de ſa femme. A la bonne
heure qu'il ne reçut pas en plaiſantant cet
aveu, mais il a eu la ſottiſe d'aller divul-
guer ſon hiſtoire, & jugez comme il eſt
blâmé, il n'a point agi comme ce mari
de bon ſens qui revenant de l'Amérique,
trouva ſa femme lui préſentant ſix jolis
enfans; il demande tranquillement: Qu'eſt-
ce cette troupe d'amours? » Eh! ce ſont
» nos enfans, reprend ſérieuſement l'hon-
» nête Dame; --- Je ne me croyois pas
» une auſſi aimable famille. « Un moment après: » Ah çà, ma bonne, nous
» n'en ferons plus d'autres, nous en avons
» aſſez, n'eſt-ce pas? --- Comme vous
» voudrez, mon ami. « Voilà ce qu'on
peut appeler le héros des maris françois.

Feu M. *Duclos*, Secrétaire de l'Académie étoit à ſe baigner dans la Seine, près
du bateau où *Poitevin* fourniſſoit à nos
élégantes les moyens de ſe rafraîchir la
peau. Une belle Dame arrive dans une
voiture fringante le cocher n'apperçoit pas
un trou près du rivage, la roue tombe
dedans, le carroſſe fait la culbute, & voilà

la petite maîtresse dans la boue d'un côté, ses grands laquais de l'autre. *Duclos* sort de l'eau tout nu & court à elle. La jeune Dame est un peu étonnée de la situation où se trouve l'officieux Cavalier. — Mille pardons, Madame, lui dit-il sans se déconcerter & en lui présentant la main, excusez mon incivilité... Pardonnez-moi de n'avoir pas de gants.

Deux amis étoient allés à Rheims pour la cérémonie du sacre ; ils y firent la connoissance d'un Champenois opulent. „ Messieurs, leur dit-il un jour, je suis „ garçon & je voudrois me rendre la vie „ la plus agréable qu'il soit possible. J'ai „ dans mon coffre cent mille livres que je „ voudrois placer en viager ; je trouverai „ difficilement mon affaire ici ; rendez- „ moi le service de me procurer un bon „ emploi de cette nature pour mon ar- „ gent : la capitale en offre mille occa- „ sions... „ Les deux amis se concertent ; ils avoient remarqué sur le visage du Rhémois, tous les signes d'une mauvaise santé; ils vont trouver son médecin qui leur avoue qu'il porte le germe de plusieurs maladies mortelles : ils obtiennent de lui un état circonstancié des maux qui menaçoient les jours de leur homme, de sa situation :

ils envoyent ce mémoire à Paris & le font consulter par les plus habiles de notre Faculté. Le Champenois est condamné à vuider bientôt sa surface du globe. Les deux Parisiens sur la foi de cette consultation lui offrent de prendre eux-mêmes son argent, lui donnent toutes les sûretés qu'il exige, contractent, & au bout de quatre mois l'impitoyable mort dont ils avoient su pénétrer les desseins, les délivre du payement de la rente.

Un homme reçoit d'un Port de l'Amérique une lettre conçue en ces termes. ,, je suis enfin arrivé ici, après une traver- ,, sée heureuse. Elle n'a même présenté au- ,, cun événement remarquable ; celui-ci ,, seul peut mériter votre attention : un ,, Mousse est tombé du haut du mat sur ,, le pont & s'est cassé une jambe ; on la ,, lui a liée fortement avec une corde, & ,, un moment après il a pu s'en servir ,, comme avant l'accident. Je ne puis trop ,, admirer l'adresse de celui qui a fait l'o- ,, pération & son entier succès. ,, Cette lettre portée à l'Académie de Chirurgie, a fait donner au diable les suppôts de saint Côme, ils ont senti combien leurs talens étoient inférieurs à ceux du marin qui avoit si habilement rétabli en un nstant,

une jambe cassée. Quelqu'un même avoit composé un ouvrage très-savant où il démontroit de la maniere la plus claire, les moyens physiques par lesquels s'opéroit une cure aussi étonnante. Ce livre curieux & important alloit être confié à la presse, lorsque mon homme reçut une seconde lettre de son ami : on y lisoit cette phrase : « Je crois avoir oublié une petite cir-
» constance dans le récit de l'événement
» dont je vous ai derniérement fait part.
» La jambe que le Mousse en question s'est
» cassée étoit de bois. » Qui fut sot ? c'est l'érudit dissertateur ; il est difficile de ne pas en rire.

Un Garde du Roi montant le grand escalier à Versailles, derriere une Dame de haute qualité, osa lui mettre la main sous le juppon. La Dame se fâcha beaucoup mais le coupable lui dit sans se déconcerter : *Ah, Madame, si vous avez le cœur aussi dur que les fesses, je suis un homme perdu.* L'offensée ne put s'empêcher de rire du calembour, & pardonna l'indiscrétion sans doute en faveur du compliment.

M. de C. exempt des Gardes du Roi & beaufrere de M. le Marquis de P. se trouvoit avec sa femme à un grand souper. Quelqu'un racontoit des histoires de voleurs. M. de C. prit la parole en disant que ce vice là étoit plus répandu qu'on ne se l'imaginoit, & qu'il avoit des exemples que des jeunes gens de qualité s'y laissoient entraîner. A ces mots Madame de C. veut faire taire son mari. Quelqu'un de la société, sans doute pour contrarier la Dame, engagea le mari à poursuivre ; il ne se fit pas beaucoup prier & continua ainsi : *Au commencement de mon mariage je ne couchois point avec ma femme. Un soir qu'elle étoit au lit, j'allois lui souhaiter la bonne nuit, lorsque j'entendis du bruit dans sa garderobe : je prends un flambeau, j'entre, je vois quelqu'un qui se cache sous une robe, je la leve & j'apperçois le plus beau jeune homme qu'il soit possible de voir. Je lui demande ce qu'il fait là. Mon jeune homme me répond d'une voix tremblante : Monsieur, excusez-moi, j'ai honte de vous avouer que mon projet étoit de dérober un bijou dont vous n'avez pas assez de soin. Comment, lui dis-je, n'êtes-vous pas honteux de faire un si vil métier ? vous mériteriez que je vous fisse arrêter ; .... sa beauté m'intéressa & je le laissai aller. Vous pensez bien que ma femme étoit plus morte que*

que vive de peur. Quelque temps après, j'allai chez le Roi, j'ouvre la porte de la chambre : ne voilà-t'il pas mon voleur que je vois dans le milieu de l'appartement. Je dis à l'huissier : Que faites-vous ici de ce grand coquin là? l'huissier me répondit : Que dites-vous, Monsieur? C'est M. le Chev. de C. Eh bien, mon ami, ai-je repris, M. le Chev. de C. est un voleur, & il n'a tenu qu'à moi de le faire pendre. On sent bien comme une pareille histoire a dû amuser la société aux dépens du conteur, & que pour avoir des rieurs de son côté il a fallu qu'il racontât lui-même cette aventure.

L'Evêque D *** métamorphosé en séculier va chez une Dame bienfaisante qui a des Demoiselles pour les menus plaisirs du public. Il croyoit être travesti ; il n'est pas aux prises avec une de ces jolies Houris, qu'il s'éleve un grand bruit. Un homme brutal veut absolument posséder la beauté que Monseigneur tenoit dans ses bras bénis. Enfin sa mauvaise humeur va jusqu'à enfoncer la porte du cabinet. *C'est vous l'Abbé*. --- *C'est vous, Monseigneur*: voilà les deux exclamations qui échappent à nos saints personnages; *Je n'imaginois pas, Monseigneur, trouver votre*

Tome I. F

Grandeur en ce lieu! --- Et moi je ne croyois pas que vous fussiez assez libertin.... --- Treve, Monseigneur, de reproches, tenez, arrangeons-nous, je veux bien vous laisser Mademoiselle, je prendrai une Sultane moins agréable, cela suffira bien à un Grand-Vicaire. Après cela nous souperons gaiement, mais surtout point de déclamations, Monseigneur: ce n'est ici, j'en conviens, ni votre place ni la mienne : au demeurant, beaucoup de gaieté, & demain chacun reprendra sa place. Le Prélat vit qu'il n'y avoit pas d'autre parti à prendre que de rire; & le couple facré fut fort joyeux. La difcrétion des Demoifelles n'a pas été à l'épreuve du plaifir de répandre l'hiftoire, qui à la vérité n'eft pas des plus édifiantes.

Un jour que la Reine étoit au fpectacle en petite loge, un filou apperçut une Bourgeoife renforcée qui faifoit grande parade d'une paire de bracelets qu'elle avoit: il fe préfenta à la loge comme venant de la part de Sa majefté, qui avoit remarqué la beauté de fes bracelets, & defiroit en voir un de plus près : la Dame fe hâte de le détacher de fon bras, & de le remettre au prétendu Officier de la Reine : mais celui-ci difparut avec le bijou. Le lendemain la Dame étoit à déplorer son sort, lorsqu'il se présenta chez elle un exempt de police dépêché par M. *Le Noir*, lequel venoit l'avertir, qu'on avoit arrêté la veille au sortir du spectacle, un filou chargé de plusieurs bijoux, parmi lesquels il avoit accusé que ce bracelet appartenoit à cette Dame : le Magistrat la faisoit prier par une lettre, de remettre le pareil au porteur pour le confronter. Vous vous figurez aisément la joie de notre Bourgeoise, les éloges qu'elle prodigua à la Police, & les recommandations qu'elle fit à l'exempt, de rapporter promptement les deux bracelets, pour faire la paix avec son mari, qui l'avoit furieusement tancée de sa sotte crédulité. Mais cet exempt n'a pas trouvé à propos de reparoître, & n'étoit que le confrere du soi-disant député de la Reine.

Un homme d'un certain âge s'est marié d'une façon qui paroîtra toute neuve. Las d'avoir été la dupe des femmes & voulant pourtant, comme on dit, faire une fin, il s'avise un jour qu'il étoit dans une nombreuse société où se trouvoient plusieurs femmes à marier, de demander un chapeau : il y met des billets blancs & un billet noir. Celui-ci, dit-il, doit gagner. On le questionne en vain sur le prix attaché à cette loterie & fur l'objet de ce qui paroiſſoit un badinage. Les Dames tirent à ſon invitation; le billet noir ſort enfin: alors l'homme s'écrie: Meſſieurs, voilà ma femme... Il eſt agréé & devoit l'être, car ſa fortune eſt conſidérable: l'hymen s'eſt en effet célébré tout de ſuite & l'on s'eſt beaucoup amuſé à la noce. Le haſard peut ſans doute faire d'auſſi bons mariages que le caprice des parens & les raiſons de convenance qu'on eſt dans l'uſage de conſulter.

Un habitant de Villejuif diſparoît il y a vingt ans. Sa femme s'accommodoit mal du célibat, elle charge quelqu'un de faire des perquiſitions; on lui envoie l'extrait mortuaire d'un homme qui portoit le même nom que le mari perdu. La bonne payſanne ſe croit veuve & s'en conſole bientôt dans les bras d'un nouvel époux. L'ancien revient un beau jour & reprend ſa chaſte moitié: Procès entre les deux rivaux, dont le principal objet étoit l'exiſtence d'un enfant provenu des noces intercalaires. Il a été décidé que cet enfant hériteroit & de ſa mere & de celui qui l'avoit fait. Il ne devoit point être réputé bâtard, puiſque ſes pere & mere avoient obtenu de la juſtice eccléſiaſtique & civile, la permission de le fabriquer, & qu'ils étoient de bonne foi.

Une Dame de *Senneville*, femme d'un Capitaine aux Gardes françoises, qui est morte depuis peu, fera pour les gens instruits époque dans l'histoire. Née Américaine, d'une famille très-ordinaire, les charmes de sa figure lui attirerent l'hommage d'un Officier général anglois. Des intérêts particuliers le firent rejetter & cet Anglois outré de désespoir & d'amour engagea les hostilités qui occasionnerent la guerre de 1754 & dont les suites nous ont coûté si cher. C'est à ajouter au nombre des grands événemens produits par les petites causes. Il y a sur cela des détails curieux qui font voir à quoi tient la conservation ou le bouleversement d'un empire.

Un Particulier à pied rencontra un jour M. *Bourdet* fameux Dentiste. Il fait arrêter sa voiture, en feignant un grand mal de dents. --- La douleur que je ressens, lui dit-il, est si vive que les forces me manquent & je suis prêt à m'évanouir : si vous retournez chez vous, accueillez-moi dans votre carrosse, pour m'y conduire avec vous... Le Chirurgien, moitié par compassion, moitié par l'espoir d'être bien récompensé propose au malade d'interrompre toutes ses courses pour apporter un prompt remede à son mal. Il donne ordre sur le champ à son cocher de doubler de vîtesse & de les conduire *à la maison*. (*Bourdet* auroit dit volontiers *à l'hôtel*, car ces grands petits Mrs. sont si vains, sur-tout quand ils ont carrosse!) Ils étoient dans le Fauxbourg S. Antoine; en très-peu de temps ils arriverent chez le Dentiste qui demeure près du Palais Royal. L'inconnu en descendant de voiture, dit à M. *Bourdet*. --- Mille remerciemens, M., votre compagnie m'a soulagé suffisamment, le plaisir de me trouver promptement rendu dans un quartier où m'appelloit une affaire pressée, me guérit de tous mes maux : vous pouvez continuer vos courses.

Nous avons ici une espece de Religieuses très-pauvres dont la Communauté dépêche dans le temps du Carême deux sœurs qui vont faire la quête. Ces sœurs connues sous le nom *d'hirondelle de Carême* se présentent dans toutes les maisons où elles esperent exciter la charité & ne dédaignent pas d'employer des moyens purement temporels pour engager les amateurs des plaisirs de l'éternité à les mériter par de bonnes œuvres. L'image des félicités passageres de ce monde est en effet le symbole le plus attrayant de celles de l'autre vie, & c'est bien pour avoir senti cette vérité que Mahomet peut être regardé comme le plus habile de tous les fondateurs de religions. Revenons à nos *hirondelles de Carême :* elles font toujours leurs courses deux à deux, l'une est vieille, & prudente, l'autre ordinairement jolie, est jeune, vive & enjouée. La sainteté de leur état leur paroît un frein suffisant pour arrêter les entreprises qu'on voudroit former contre leur vertu. Il arrive pourtant qu'elles sont quelquefois les héroïnes d'aventures galantes. M. le Comte de *** traitoit très-bien les sœurs qui alloient chez lui & la communauté ne manquoit pas de lui envoyer toujours les mêmes, parce qu'on avoit remarqué qu'elles rapportoient au couvent de plus grandes marques de sa libéralité. L'année derniere l'une des deux étoit changée, & il en demandoit la raison, lorsque la vieille lui remit un gros paquet, en lui disant : ,, La ,, sœur Angélique qui depuis deux à trois ,, mois est fort incommodée m'a chargée ,, de vous remettre ceci. '' Les hirondelles se retirent sur le champ & M. le

Comte est fort étonné en développant les linges dont le paquet étoit recouvert, de voir un joli enfant de deux mois. L'enfant lui tend les bras comme pour réclamer son appui; le hasard fait qu'il tient dans l'une de ses mains une lettre qui avoit été placée auprès de lui. Un témoin de cette scene touchante qui me l'a racontée, n'a pu me dépeindre cette situation sans attendrissement. Le Comte pénétrant tout le mystere mouilloit de ses larmes le visage de l'enfant qu'il pressoit contre son sein. Il fait enfin des efforts pour se remettre & ouvre la lettre avec transport. Tels en étoient à peu près les termes. ,, Barbare séducteur, voilà la triste
,, victime du complot que vous avez for-
,, mé contre mon innocence, avec le
,, monstre abominable auquel on l'avoit
,, confiée. Cette vieille cache tous les vi-
,, ces sous l'habit qui ne devroit recou-
,, vrir que des vertus; elle est encore la
,, seule à qui je puisse remettre ce dépôt
,, mystérieux pour le placer dans vos
,, mains. Je ne puis cependant la haïr;
,, je ne puis même détester le crime dans
,, lequel elle a entraîné mon foible cœur,
,, quand je sens que j'emporte au tom-
,, beau l'amour le plus tendre pour vous.
,, Je n'ai plus rien à déguiser, puisque

» bientôt mon infortune sera ensévelie
» avec moi dans l'oubli du néant. Il ne
» me reste pour moi qu'à implorer la mi-
» séricorde de l'éternel, mais ce malheu-
» reux enfant dont le sort dépendra de
» vous, exige que je vous dévoile des
» secrets qui peuvent vous inspirer plus
» d'intérêt en sa faveur. Je suis cette mal-
» heureuse personne avec qui vous cau-
» sâtes il y a deux ans & que vous priâtes
» inutilement pendant toute une nuit de
» se démasquer. Ma mere, la Marquise
» de ***, informée des démarches que
» vous aviez faites pour découvrir qui
» nous étions, connoissant la violence de
» vos passions & l'impossibilité où elle
» auroit été de résister aux recherches d'un
» homme de votre rang & de votre for-
» tune, craignit que le peu d'attraits que
» j'ai reçus de la nature, ne donnât plus
» de force à ces premieres impressions.
» Une préférence qu'elle a toujours accor-
» dée à mon frere aîné auquelle elle a déjà
» sacrifié la liberté de deux autres de ses
» enfans, l'avoit déterminée à me desti-
» ner au couvent : elle se hâta d'exécuter
» cette résolution. Je n'ose pénétrer les
» motifs qui l'ont engagée à choisir pour
» moi l'ordre le plus austere : ne recevant
» depuis long-temps aucune de ses nou-

» velles, j'ai appris qu'elle ne paroissoit
» plus s'occuper de moi en aucune ma-
» niere. Les Religieuses de mon couvent
» ne tirant point de ma famille les avan-
» tages qu'elles en avoient espéré, ont
» pris le parti de m'employer à pourvoir
» aux besoins du couvent, en me com-
» prenant dans le nombre des sœurs pos-
» tulantes qui font les quêtes du Carême.
» Ce détail, en excusant un peu la foi-
» blesse peut-être impardonnable d'un
» cœur qui étoit déjà prévenu pour vous,
» vous apprend que le sang qui coule
» dans les veines de cet infortuné n'est
» point fait pour l'opprobre destiné à ses
» pareils. Sauvez-lui celui que la faute
» de sa mere pourroit lui faire partager,
» & si vous refusez quelques regrets à
» ma perte, laissez-moi au moins la con-
» solation d'emporter dans le tombeau
» l'estime que vous devez à une malheu-
» reuse fille qui n'auroit point à rougir,
» si elle ne vous avoit pas connu. « La
lecture de cette lettre mit le Comte hors
de lui-même; il n'épargna aucun soin
pour découvrir sa chere Angélique qu'il
avoit adorée dès le moment qu'il l'avoit
vue; sa passion, qu'un habit qu'on croit
incompatible avec la tendresse avoit pu
seul l'engager à combattre, se ralluma

avec fureur. Il a pénétré enfin au milieu du cloître où elle étoit prête à rendre les derniers soupirs. Après l'avoir rendue à la vie par des assurances non équivoques de ses sentimens, il l'a fait rentrer dans le sein de sa famille. Elle a hérité de grands biens par la mort d'une mere injuste & cruelle; maintenant elle est l'épouse de celui qu'elle regardoit comme son bourreau.

Un Voyageur anglois a donné au *Pont-de-Beauvoisin*, une scene assez singuliere pour un homme de sa nation, qui devroit être accoutumé aux visites des commis de douane, puisque son pays en est hérissé. Cet Anglois arrivé sur la frontiere, fut conduit à la douane pour être présent à la visite que les employés devoient faire de ses bagages: il avoit dans sa malle environ trente paires de bas de soie pour son usage; on le pressa d'en acquitter les droits, à raison de trois livres par chaque paire; l'Anglois demanda aux commis si ces bas n'étoient pas à lui, & s'il n'étoit pas le maître d'en disposer à son gré: ,, Personne ne vous conteste cette pro- ,, priété, lui répondit-on; « à ces mots le Voyageur étale ses bas; & les prenant les uns après les autres, il les coupe par le milieu, les jette dans la boue & les foule aux pieds avec toutes les apparences du plus grand sang-froid. Les employés eurent beau crier que ce n'étoit pas là ce qu'ils demandoient ; l'Anglois continua son opération singuliere, aimant mieux se priver de ses bas que d'acheter le droit de traverser la France avec eux. Si cet homme soutient constamment son caractere ou son humeur dans son tour de l'Europe, il pourra bien avant la fin de son voyage se trouver avec ses malles vuides.

Bien des gens croient que le luxe dans les villes gênant le goût pour les mariages, y fait préférer les richesses, & qu'à la campagne le choix est plus libre, moins intéressé & par conséquent plus heureux; un événement arrivé récemment dans un village à quelques lieues de Paris, peut fixer les opinions sur le désintéressement des paysans en amour : Un d'eux marioit sa fille, lui donnoit vingt-neuf écus de dot & l'ameublement ordinaire; les deux familles étoient assemblées avec les voisins, & le notaire finissoit le contrat, lorsque le mariage rompit sur une paire de pantoufles que le futur exigeoit, & que le pere de la fille s'obstina de refufer. Un des affiftans propofa fa fœur très-laide & plus âgée que l'autre, en offrant les vingt-neuf écus & les meubles. Donnerez-vous les pantoufles, dit le jeune homme ? Oui fûrement, répondit l'autre; en ce cas, répliqua le jeune homme, faites-la venir, nous changerons les noms du contrat. Ce qui fut exécuté fur le champ.

Un neveu du Roi de *Maroc* vint, il y a quelques années, à *Paris*, en qualité d'Ambaffadeur de fon oncle. On lui fit le plus grand accueil, tous les Seigneurs s'empreſſerent de lui donner des fêtes. Des plaifans profitent de cette occafion pour faire une efpiéglerie à un marchand de chevaux nommé *Septenville*, fort riche & un peu ivre de fa fortune. Ils commencerent par lui perfuader qu'il devoit inviter le Prince Marocain à une fête dans fa maifon de campagne, qui eft une des plus belles qui foient aux environs de Paris; ils l'affurerent qu'ils avoient affez de crédit pour déterminer Son Excellence à accepter la fête & à l'honorer de fa préfence. Ils lui firent entendre que la dépenfe que la fête coûteroit pouvoit lui être par la fuite de la plus grande utilité; qu'une liaifon auffi diftinguée donneroit à fon commerce plus d'éclat & d'étendue, & que Son Excellence pourroit par reconnoissance lui procurer des chevaux barbes. *Septenville* calcula tous les avantages qu'il pouvoit retirer & se décida sans peine à recevoir l'Ambassadeur avec tout le faste & toute la dignité convenables. Quelques jours après, on vint lui annoncer que Son Excellence consentoit à lui faire l'honneur de passer la journée à sa campagne, qu'elle s'y rendroit tel jour, à telle heure. Voilà mon marchand de chevaux qui met tout en mouvement pour rendre sa maison digne de recevoir un pareil hôte. Il commande un feu d'artifice à *Torré*. Il fait placer par-tout, dans le jardin, sur la façade de sa maison, dans l'intérieur, les illuminations les plus brillantes. Il fait venir à grands frais les musiciens les plus célebres. Il invite à la fête les personnes les plus propres à en faire l'ornement ; les gens de la Cour, les étrangers les plus distingués, & sur-tout les plus jolies femmes de l'Opéra & des autres spectacles. On pense bien que le repas répondoit à tous ces préparatifs. Enfin, le jour choisi, après s'être fait attendre quelque temps suivant l'usage, l'Ambassadeur accompagné de toute sa cour arrive dans un carrosse magnifique. On l'accueille de son mieux, on lui adresse les choses les plus flatteuses auxquelles il répond par le moyen d'un interprete. On le prie de chanter, il s'en acquitte avec la meilleure grace possible. On joue, on se livre à tous les plaisirs. *Septenville* ne se possédoit pas de joie. Il étoit transporté. Il n'osoit point s'asseoir à la table d'un hôte aussi illustre. Une serviette sur le bras, il se tenoit derriere le fauteuil de l'Ambassadeur & se faisoit honneur de le servir. Chaque convié prenoit part à la fête sans se douter de rien. Mais vers les trois heures du matin, plusieurs hommes vêtus d'un habit écarlate avec de grands galons d'or, un bâton d'exempt à la main, arrivent. Ils viennent de la part du Roi, arrêter le prétendu Ambassadeur; *Septenville* s'apperçoit qu'il est la dupe d'une mistification. Il est furieux. L'Ambassadeur, les gens de sa suite, les exempts, tout cela étoit supposé. Cette mistification fut bientôt répandue dans *Paris* & à la Cour. Le pauvre *Septenville* eut le double chagrin d'avoir dépensé beaucoup d'argent & de se voir l'entretien & la fable de tout *Paris*. Celui qui jouoit le rôle d'Ambassadeur est un Libraire nommé *Prault*, & sur-nommé *Prault blême*, attendu qu'il est fort pâle. Il est précisément de la taille, de l'âge & de la figure du

Prince Marocain & tout le monde y a été trompé.

Une Courtisane feignit derniérement de vouloir se convertir; un honnête dévot est tombé dans le piege : elle a demandé une somme d'argent pour payer, disoit-elle, ses dettes & se retirer dans un cloître d'où elle répandroit le bon exemple & l'édification. Le saint homme enchanté de faire un prosélyte au Seigneur s'est hâté de lui compter une somme assez considérable ; elle a effectivement payé des dettes qui la pressoient, ensuite à l'instant que le célebre bienfaiteur l'attendoit pour la claquemurer avec un esprit de charité & de pénitence, la Magdelaine mondaine a disparu, & s'en est allée avec un jeune homme dépenser l'argent qui lui restoit. On a été fort scandalisé de cette escroquerie; rien cependant de si naturel. Il falloit que l'homme de Dieu, avant de lui offrir une pareille brebis égarée s'assurât bien que son repentir étoit sincere. Le voilà corrigé du désir de faire des prosélytes.

Notre Robe fournit plusieurs exemples de Magistrats en qui l'étude des loix n'a pas détruit les agrémens de l'esprit. Les

Députés d'un de nos ordres religieux qui a un procès considérable au Parlement, sont venus derniérement faire leur cour au premier Président de ce corps. La justice doit sans doute être aussi inflexible aux hommages, qu'inaccessible à la prévention; ainsi il étoit bien permis de rire des profondes révérences que multiplioient fort gauchement les plaideurs enfroqués. Quelqu'un les fit remarquer au premier Président : *Ne voyez-vous pas,* répondit-il, *que ce sont des cruches qui ne se baissent que pour se remplir.*

Une de nos Beautés avoit accordé des faveurs très-particulieres à un jeune homme qui l'avoit apparemment trouvée dans un bon moment. Cet heureux amant croit devoir le lendemain une visite à la Belle : il la trouve au milieu d'un cercle nombreux; elle jette sur lui de dédaigneux regards & lui adresse à peine de temps en temps quelques demi-phrases. Notre élégant piqué lui demande tout bas si elle a déjà oublié ce qui s'étoit passé entre eux la veille. *Comment, Monsieur,* lui dit-elle d'un air tout surpris! *est-ce que vous prenez cela pour des espérances?* Le jeune homme pétrifié n'eut pas la force de réfuter ce singulier argument. Mais il est impossible de ne pas convenir que les femmes d'aujourd'hui ont bien perfectionné ce qu'elles appellent la *décence*.

Une sage-femme est appellée auprès d'une femme qui se sentoit pressée par les avant-coureurs de l'enfantement. Au même instant que la matrone arrive, elle se sent elle-même attaquée vivement par les mêmes douleurs. Les deux femmes accouchent ensemble. Une vieille domestique qui les aide l'une & l'autre, dans le trouble où elle est, place les deux enfans sur un même oreiller, sans remarquer lequel des deux est à sa maîtresse. L'un vient à mourir sur le champ ; l'un & l'autre sont mâles. Chacune des deux meres réclame l'enfant qui reste vivant. Cette dispute a occasionné un procès plus difficile à juger que celui qui dont la décision a fait tant d'honneur à Salomon.

Un Soldat du régiment de *** quitte sa garnison sans le consentement de ses supérieurs & vient à Paris chez son Colonel, pour demander une place de bas-officier qui se trouvoit vacante. Cette démarche légere l'exposoit à la peine des déserteurs ; la bonté de son Colonel étoit son espoir & il savoit que ce moyen étoit le feul qui pût lui réuffir. Dès qu'il entre dans l'hôtel, la femme du Colonel l'apperçoit & eft frappée de fon air, de fa taille, de fa figure. Notre Soldat étoit formé en Hercule & la Marquife eft *amatrice*. Un domeftique vient au devant du voyageur & lui annonce que Mlle. *Julie*, premiere femme de Madame defire lui parler & l'attend dans la chambre où on le conduit. Là notre Soldat trouve une jeune brunette aux yeux vifs, dans un déshabillé plus que galant & offrant par fon attitude le tableau de la plus lafcive volupté. —— Que voulez-vous, mon ami, que demandez-vous à Monfieur? votre phyfionomie me plaît & m'annonce que vous êtes un bon fujet; j'ai la confiance de Madame, je l'intérefferai en votre faveur & Monfieur ne lui peut rien refufer... Le Soldat raconte le motif de fon voyage; on lui promet le plus heureux fuccès. — Affeyez-vous près de moi, eh! vraiment vous êtes un fort joli homme, ç'auroit été dommage qu'une taille comme celle-là n'eût pas été décorée de l'uniforme... Mais il ne faut plus porter de ces vilains galons-là,... oh, bientôt ils feront d'argent... Le Soldat ne fe fent plus d'aife & s'apperçoit bien qu'il lui vient deux bonnes fortunes à la fois. On fe doute qu'une place qui s'offroit elle-même de si bonne grace à l'assaut, fut bientôt prise. Ce n'étoit pas le cas d'un blocus, on n'avoit pas de temps à perdre, & les troupes en deux minutes s'emparerent de la ville & de la citadelle. Après avoir joui pendant une heure de sa conquête, le Soldat pensa à son affaire; il étoit important pour lui de reparoître au corps dès le lendemain. On le laisse seul, une demi-heure après on le vient chercher de la part du Colonel : --- Un tel, lui dit le Marquis, ma femme s'est intéressée pour vous, à la recommandation d'une fille en qui elle a confiance, & m'a engagé, non-seulement à vous pardonner l'indiscrétion de votre démarche, mais encore à vous accorder la grace qui en a été l'objet. Ne perdez pas un instant pour rejoindre, j'écris au Major pour qu'il trouve un prétexte à votre absence, mais je ne puis tolérer qu'elle soit plus longue... Le Soldat alloit partir après s'être exhalé en action de graces; le Marquis le rappelle... --- Mon ami, attendez un instant, vous serez vous-même le porteur de mes ordres, & pendant que mon secrétaire les expédie, je veux vous présenter à votre bienfaitrice; passons chez Madame... Le Colonel & le nouveau Sergent entrent dans l'appartement de la Marquise qui étoit encore en déshabillé blanc. Dès que le Soldat l'apperçoit, il lui faute au cou : --- Ma chere *Julie*, que je vous ai d'obligation!... Le trouble de la Marquife à cette étrange algarade auroit bien fuffi pour défiller les yeux d'un mari plus aveugle encore que le Colonel ; les circonftances fe multiplierent pour l'éclairer. La véritable *Julie*, celle qui avoit prêté fa chambre, fon nom & fon tablier, vient à entrer. Le Marquis la queftionne & elle a la foibleffe de tout avouer. Le pauvre mari a balancé long-temps fur le parti qu'il avoit à prendre : l'exemple de quelques milliers de fes confreres l'a déterminé, & il s'eft réfigné à fon fort. On affure même que la recommandation de cette chafte époufe a encore beaucoup d'influence fur fon efprit.

L'hiftoire de la guerre d'*Amérique* qui vient d'être terminée, offrira toutes les atrocités qui accompagnent toujours les guerres civiles. On raconte ce trait de l'affreufe journée de l'incendie de *Charleftown*. Dans la confufion générale, tandis qu'une partie de la ville étoit en feu, un Soldat écoffois des troupes du Roi enfonça la porte d'une maifon : il pénetre dans l'intérieur, & y trouve une femme de la plus grande beauté, tenant par la main sa fille âgée de cinq ans, & qui alloit monter à la chambre de son mari malade, pour l'aider à se sauver. Le Soldat, frappé de sa beauté, commence d'abord par la presser de satisfaire à sa passion, en lui déclarant qu'il n'y avoit pas de temps à perdre. L'inutilité de ses instances le fait bientôt après recourir aux menaces & à la violence, sans aucun égard pour les prieres de la mere & de l'enfant, toutes deux prosternées à ses pieds. La petite innocente qui voyoit sa mere se débattre contre ce monstre, croyoit qu'il vouloit la tuer, & elle le prioit de ne pas ôter la vie à sa mere. Les cris de la mere & de l'enfant parvinrent jusqu'à la chambre où le mari étoit couché. Quoiqu'il fut au lit depuis long-temps, il s'efforce de descendre, se saisit d'une épée, & se traîne jusqu'à la chambre où il entendoit du bruit. La fureur lui donnant des forces, il passe son épée à travers le corps du Soldat. Le malheureux, quoique blessé à mort, a encore le temps de se retourner pour voir d'où lui étoit porté le coup : il reconnoît son frere & meurt. L'époux infortuné voit en même temps sa femme évanouie, sa fille attaquée de mouvemens convulsifs, & son frere expirant; il s'écrie : *J'ai tué mon frere !* & tombe sans connoissance. La garde qui l'avoit suivi, avoit à peine entendu cette exclamation de son maître, qu'elle vit les flammes percer de toutes parts. Elle court aussi-tôt, dans l'espoir de trouver du secours pour ces infortunés : il n'étoit déjà plus temps ; le plancher s'étoit abymé sous eux, & ils étoient ensevelis dans les ruines.

Il s'est fait un jour au parterre de l'Opera, un vol assez ingénieux ; un étranger avoit coutume d'y aller, trouvant que cette place étoit la meilleure pour jouir du spectacle. Il avoit été observé par un filou que ses boucles de diamans tentoient prodigieusement. Celui-ci en achete de fausses qui avoient beaucoup d'apparence, il se met à côté de l'étranger ; ils entrent en conversation, le filou se plaint des voleurs qui se glissent par-tout, il dit, *je vais ôter mes boucles, parce que quelqu'un de ces coquins pourroit me les dérober.* L'étranger enchanté de l'avis, suit l'exemple de l'adroit intriguant, il ôte aussi ses boucles, & les met dans sa poche ; mais qu'est-il arrivé ? le spectacle fini, l'honnête homme veut remettre ses boucles, les cherche & ne les trouve plus.

Un jeune Peintre s'étoit marié sans amour, & pendant plusieurs mois la paix avoit regné dans son ménage, uniquement parce qu'elle accompagne toujours l'union de deux caracteres doux & honnêtes; peu-à-peu l'estime, l'amitié, la paternité avoient attaché fortement deux cœurs que les parens, c'est-à-dire le hasard conduit par l'intérêt, avoient rapprochés. C'étoit là l'amour de nos tourtereaux. Le bonheur de ces époux ou plutôt de ces amans heureux fut troublé par l'affreuse maladie que l'inoculation a cruellement multipliée autour de notre capitale. Un des fruits de cette tendre union en est la premiere victime; la mere succombe bientôt, la douleur de l'époux qui survit est à son comble, quoiqu'elle ne s'exhale point au dehors; des arrangemens d'affaires qui assurent le sort des deux enfans qui lui restent, le soutiennent; la liberté d'esprit avec laquelle il s'y livre, fait croire qu'il est consolé c'est ainsi que jugent la plupart des hommes qui ne connoissent ces sortes de peines que par la nécessité de paroître quelquefois les ressentir; il s'en falloit bien que le malheureux époux fut tranquille; au bout de deux mois toutes ses affaires étoient arrangées; son pere, homme respectable & une bonne grand'mere, s'étoient chargés de l'é-

ducation

ducation de ses deux enfans. Le jeune Peintre les conduit à *Vincennes* où ces bonnes gens demeuroient ; on a remarqué que jamais adieux ne furent plus tendres que ceux qu'il fit aux deux orphelins , quoiqu'il dut les revenir voir le lendemain ; de retour à *Paris* la fievre s'empare de lui, il se met au lit & ne le quitte que pour aller rejoindre l'objet de tous ses regrets. Voilà une histoire récente, peu connue, parce qu'elle n'offre qu'un tableau vertueux : je la racontois dans une société où j'imaginois que ces deux époux obtiendroient quelques larmes ; mon récit ne produisit que cette exclamation d'un Robin qui paroissoit m'avoir écouté avec beaucoup d'attention : *Il y a des gens qui meurent aussi sottement qu'ils ont vécu !* Je vis à la vérité deux très-jeunes femmes qui s'efforçoient de cacher qu'elles étoient attendries ; l'une d'elles alla dire deux mots à l'oreille d'un militaire qui étoit dans une embrasure de fenêtre, on parla de jeu & il ne fut plus question de mon Peintre.

Une de nos Laïs a éprouvé la cruelle vérité du Proverbe que *tout ce qui reluit n'est pas or*. Elle s'étoit avisée de se donner pour neuve de toute nouveauté ; Madame sa mere, car ces Demoiselles ne sont jamais orphelines, faisoit courir dans le monde de petits avertissemens comme autant de bulletins où l'on faisoit part au public que la Demoiselle *une telle* étoit encore jouissante de toute sa virginité & qu'elle ne demandoit pas mieux que de la perdre ; un escroc de filles est introduit chez la Demoiselle : d'abord il a une conversation politique avec la respectable mere & finit l'entretien par faire reluire cent beaux louis d'or bien comptés ; on ne demande pas au galant quel est son rang, son nom : un propriétaire de cent louis n'avoit pas besoin de ces accessoires pour une telle alliance. Enfin il est agréé ; il passa la nuit avec la Demoiselle qui s'applaudissoit de cet air de virginité qu'elle s'étoit donné avec tant d'adresse ; de son côté l'amant rioit ; il n'en goûta pas moins les plaisirs desirés. Les cent louis sont lâchés, le galant se retire ; les deux honnêtes créatures étoient enchantées l'une de l'autre ; on veut payer une marchande de modes, une couturiere, un coëffeur : ces créanciers qui avoient la vue plus nette que la Demoiselle, viennent lui rapporter son argent en lui disant qu'ils ne prennent point en payement, de la fausse monnoie. La Demoiselle & sa mere sont furieuses, elles reconnoissent avec douleur qu'elles ont été les dupes d'un frippon ; la premiere le rencontre dans un bal : -- Ah, ah ! vous voilà, M. le faux monnoyeur ! -- ah, ah ! vous voilà, Mlle. la pucelle ; quitte à quitte, vous m'avez trompé, je vous ai trompée. Croyez-moi, au-lieu de nous arracher les yeux, cherchons à en tromper d'autres ; votre fauſſe fleur ne valoit gueres mieux que mes louis faux. La Demoiſelle prit le bon parti, elle rit de l'aventure. Il n'y eut que la mere qui murmura entre ſes dents : -- Vraiment, c'étoit bien la peine de me faire paſſer pour une trompeuſe, une autre fois j'examinerai les louis, & aura après des pucelles qui voudra.

Le Comte de *** voyageoit pour ſe rendre à une de ſes terres. C'eſt un brave officier qui ne connoît point la peur, il ſe faiſoit tard, il s'imagine de s'arrêter dans le château d'un de ſes anciens amis qu'il n'avoit pas viſité depuis ſix à ſept ans : il entre, il apperçoit quelque changement ; on lui apprend que le Seigneur eſt mort, mais que ſon fils qui a hérité de ſes biens eſt dans le château. Le Comte de *** monte, trouve en effet le jeune homme qui lui fait un très-bon accueil. Il lui raconte les circonſtances de la mort de ſon

pere qu'il paroit regretter beaucoup; on soupe, on conduit enfuite le Comte dans une chambre affez grande qui étoit au bout d'une galerie. Notre voyageur étoit fatigué; il fe hâte de fe mettre au lit où le fommeil vient bientôt le furprendre. Sur les deux heures du matin, il eft réveillé par un bruit fourd qu'il croit entendre comme fi quelqu'un marchoit dans la chambre. Il entrevoit une efpece de fantôme blanc. Il fuit de l'œil en quelque forte les pas de cette figure ambulante. Ce fpectre foupiroit, il va du côté de la cheminée, s'affied vis-à-vis un refte de feu & dit en gémiffant : ‚, Je puis donc encore me ‚, chauffer ! oh mon Dieu ! ‚, Le Comte regardoit toujours : il examine, il voit que ce fantôme eft de forme humaine, qu'il eft couvert de haillons blancs. Le fpectre s'avance vers le lit, tâte les matelats & en un mot s'étend à côté du Comte en murmurant : « Je vais donc me coucher encore dans un lit! ‚, alors le Comte d'une voix ferme demande; « Qui êtes-vous ? que ve-
‚, nez-vous faire ici ? Auffi-tôt -- Ah, c'eft
‚, vous, mon cher Comte, & qui vous
‚, amene en cette horrible demeure ? ....
‚, eft-ce que vous ne me reconnoiffez pas....
‚, Votre pauvre ami....? Comment, répli-
‚, qua le Comte, vous feriez M ***, &

» votre fils lui-même hier au soir m'a dit
» que vous étiez mort! --- Je vis, mon
» cher ami, je vis, mais pour mourir mille
» fois par jour depuis six années entieres
» que ce fils dénaturé, que ce monstre
» m'a plongé dans un cachot où je ne me
» nourris en quelque sorte que de mes
» larmes. Le malheureux! il n'a pas voulu
» attendre ma fin pour dévorer mon hé-
» ritage; il a corrompu quelques-uns de
» ses infames domestiques aussi scélérats
» que lui. On a répandu le bruit de ma
» mort, on a fait mes obseques comme si
» en effet je n'étois plus, & je languis-
» sois dans un cachot ayant à peine du
» pain & de l'eau, couvert de ces misé-
» rables haillons. On avoit oublié hier au
» soir de fermer la porte de ma prison, je
» m'en suis apperçu cette nuit; aussi-tôt
» j'ai cherché à me procurer quelque sou-
» lagement. Je suis venu par hasard dans
» cette chambre; depuis six ans je ne con-
» noissois plus ni le feu ni le lit, mes pre-
» miers mouvemens ont été de profiter de
» l'un & de l'autre, mon dessein étoit
» d'attendre la mort sur ce lit & de con-
» jurer un fils barbare de me la don-
» ner.... » Le Comte étoit plongé dans un
accablement inexprimable; un pere victime à ce point de l'avidité d'un fils dé-

naturé! — « Mon ami, s'écria-t-il, non,
» vous ne mourrez point & le crime sera
» puni ; attendez tout de mon humanité,
» car il n'est pas besoin de sentir l'amitié
» pour se remplir de votre affreuse situa-
» tion ; rentrez dans votre souterrain sans
» qu'on ait le moindre soupçon, & soyez
» persuadé que vous serez bientôt ven-
» gé.... » Le Comte en effet vole à la
Cour, instruit le Gouvernement de ce crime inoui ; le pere est arraché à sa prison, il rentre dans tous ses biens & son fils à son tour a disparu. On ne doute pas qu'il n'ait été condamné au même supplice qu'il avoit fait souffrir à son pere. Une prison éternelle dérobera ce monstre a l'échaffaud où il devroit monter.

On attendoit, l'année derniere, à *Paris*, un Prince indien qui voyageoit, disoit-on, avec un ou deux quarterons de femmes. Tous les dévots étoient en alarmes : — *Que dira M. l'Archevêque ? souffrira-t-il un tel scandale ? les mœurs seront blessées si l'on permet que cet homme conserve son serrail ; & puis il faut qu'il se fasse Chrétien !...* Un plaisant ajoute ; *Il n'a qu'à embrasser notre sainte Religion, & on lui passera toutes les filles de notre Opéra.*

Il s'est passé, il y a une couple d'années, au *Fort l'Evêque*, une scene assez réjouissante. Un jeune Américain ci-devant Mousquetaire, nommé M. de *Châteaublond*, étoit renfermé dans cette prison pour des dettes qui montent à plus de 200,000 livres. Il n'avoit gueres espérance d'en sortir de sitôt : ses parens sembloient être de concert avec ses créanciers pour le priver de sa liberté. On dit que le malheur est le pere de l'industrie : le prisonnier imagine ce stratagême. Un de ses amis vient avec un prétendu negre visiter M. de *Châteaublond*, chez lequel se donne un excellent dîner. Sur le soir il faut se retirer ; l'ami dit en préfence des géoliers à son negre, d'avoir soin d'arranger les bouteilles vuides dans un panier : ils passent. On ne fait nulle attention à l'homme noir. C'étoit M. de *Châteaublond* qui s'étoit barbouillé le visage ainsi que le premier negre qui étoit entré dans la prison avec la couleur noire & qui en est ressorti très-blanc. Cette aventure a été le vaudeville de Paris. Il n'y a que les créanciers de M. de *Châteaublond* qui n'ont pas trouvé le mot pour rire à cette espece de farce.

De mauvais plaisans ont joué un tour

assez burlesque, à l'un de nos Commissaires de Police. On vient le chercher à la brune pour mettre un scellé. C'est une des fonctions les plus lucratives de cet état, & les Commissaires, qui ne sont pas les moins intéressés des suppôts du *Chic*, sont ardens pour la remplir. Le Commissaire *Boulanger* met en hâte sa perruque de cérémonie, fait tapage sur la lenteur de son clerc à apprêter le papier timbré, l'écritoire, &c. De crainte d'être prévenu par quelqu'un de ses confreres, M. le Commissaire risque vingt fois de se casser le cou par sa précipitation à marcher. Après avoir parcouru une infinité de rues, on le conduit dans un grenier où un drap étendu sur un châlit paroissoit receler la triste victime de quelque membre de la salubre faculté. M., dit-on au Commissaire, *que l'extérieur ne vous en impose pas, notre parent, par un goût excessif pour l'épargne, se refusoit jusqu'à la commodité du logement, voyez ces armoires; combien de papiers elles renferment!...* C'est là où Dame Thémis fait ses orges. Enfin maître *Boulanger* dresse un long procès-verbal & commence à apposer les bandes sacrées. Il avoit déjà sept à huit feuilles de papier de barbouillées & une partie de la nuit étoit écoulée lorsque le clerc, qui peut-être avoit ses raisons, s'approche du chevet où paroissoit placée la tête du défunt. *Que vois-je, M., s'écrie-t-il, on nous joue, c'est une tête à perruque!* Le Commissaire entendoit bien que c'étoit à lui ou de lui qu'on parloit, mais il étoit occupé de sa besogne, ou peut-être à calculer combien d'argent le scellé lui produiroit; il fallut le lui dire plusieurs fois; pendant ce temps les auteurs de la niche s'esquivèrent, & maître *Boulanger* resta seul stupéfait & confondu. On a ri sans doute de cette aventure d'un côté, tandis que de l'autre plus d'un mouchard de la Police étoit en l'air pour en découvrir les auteurs.

L'aventure du Chevalier d'Y**** dont on a parlé pendant deux jours au moins, est certainement fort étrange. Un de ses camarades avoit répandu dans son régiment, le bruit que dans ses séjours à *Paris*, il employoit un des moyens les plus bas que le vice puisse imaginer, pour se procurer des ressources. On racontoit que tous les soirs il se déguisoit en vieille femme, & que sous l'accoûtrement de ce qu'on appelle une Maq*** il sollicitoit les passans dans les rues détournées, à venir goûter les plaisirs qu'il leur annonçoit. Le

Chevalier, ajoute-t-on, faifoit cet infame métier avec un tel fuccès, qu'il fubvenoit aux dépenfes qu'entraînoit fon goût pour la débauche. Il eft vrai qu'il n'étoit pas obligé de payer celles de toutes les efpeces, & que fur certaines, il jouiffoit d'une pleine franchife. Quelques camarades du Chevalier voulurent s'affurer de ce fait incroyable; on les conduifit fur le théâtre où il exerçoit fes talens. Les jeunes Officiers font femblant de ne pas le reconnoître, & jouiffent d'abord de fon embarras. Ils projettent de le porter bientôt à fon comble, font tapage, feignent de n'être pas contens de la marchandife qu'on leur offre, & affectant un goût affez fingulier, ils propofent à leur fauffe Maq*** de lui donner la préférence. Elle réfifte, on fe met en devoir de la violer : en un clin d'œil fes vêtemens difparoiffent; je laiffe à votre imagination, à vous peindre cette étrange fituation : la honte d'un côté, le mépris & les rifées de l'autre. &c. &c. &c.

On vantoit chez une Marquife qui vit encore, les exploits du Maréchal de Saxe. Il a vaincu les ennemis de l'Etat, dit-elle avec fierté, mais il n'a pu vaincre fes paffions. Toute la France eft témoin de fes galanteries; s'il a défendu nos Provinces, j'ai fait peut-être plus; car je lui ai résisté & je l'aimois; il a gagné des batailles, & moi sans verroux & sans grilles, j'ai gardé ma vertu. Ce discours vraiment digne d'une femme de qualité vertueuse, étoit tout près de produire un grand effet : mais un Evêque qui étoit là sourit, & ce souris fit partager ses doutes. La victoire de cette femme n'étoit pas si authentique que celle de Fontenoy. Donnez-vous donc maintenant bien de la peine, Mesdames, pour conserver votre vertu ! Un souris suffira pour la rendre équivoque; mais il y a long-temps que vous ne donnez plus dans de pareilles duperies.

Quand l'honneur a de tous temps été le plus puissant ressort d'une nation, il doit être dangereux de lui substituer une brutale sévérité. Le temps & les événemens persuaderont donc sans doute insensiblement à nos chefs militaires, que la cruelle manie de punir les troupes françoises par le *bâton*, peut devenir aussi funeste par ses suites, qu'elle est humiliante & pernicieuse dans ses principes. Parmi les exemples qu'on en pourroit donner, en voici un mémorable qui est arrivé à *Brest*, dans le régiment des Colonies. Ce corps manœuvroit aux ordres de M. d'*Amécourt*; un soldat se trouvant hors de ligne, il court à lui, & le frappe d'un coup de canne sur la figure. Vivement sensible à cette dureté, le soldat ose lui dire : *Passe pour celui-là, mon Officier.* Se croyant menacé par le propos, M. d'*Amécourt* redouble, mais il ne tarde pas à recevoir le prix de sa vivacité. Le soldat lui passe sa bayonnette à travers la poitrine. On l'arrête; il dit froidement qu'il le feroit encore, qu'il s'attend à tout, & qu'il mourra content d'avoir délivré ses camarades d'un pareil monstre. M. d'*Amécourt*, soigneusement pansé, laisse des espérances pour ses jours; il a porté, dit-on, la générosité, jusqu'à demander avec instance la grace de son soldat; c'est bien le cas de dire avec Voltaire :

Des Chevaliers françois tel est le caractere.

Un ancien Danseur de *Nicolet*, las d'avoir fait des cabrioles à cent écus par an, a pris le parti de se livrer exclusivement au métier plus lucratif de filou. Il s'avisa un jour de vuider en entier l'appartement d'un M. *Thevenet*, commis à la loterie de France, dont les fenêtres ont vue sur le jardin du Palais royal. Il grimpe par-dessus les plombs, descend par une croisée qui étoit ouverte, met les verroux à la porte & fait ses paquets. Comme il les commençoit, arrive la servante du S. *T...,* qui va pour ouvrir; n'y pouvant parvenir, elle s'imagine que la serrure est dérangée, & s'en va. Pendant ce temps, l'escroc s'assied tranquillement dans un fauteuil qu'il pose devant la serrure, afin d'ôter tout moyen d'être apperçu. Ses paquets achevés, il les pose sur les plombs, reprend le chemin qu'il avoit pris, & les porte l'un après l'autre chez un marchand de vin de la rue de Richelieu. De là, prenant un savoyard près de la Place des Victoires, il les fit transporter chez lui, rue Monmartre. Sur ces entrefaites, M. *T...* voulant rentrer dans son appartement, ne peut ouvrir sa porte : il n'en peut concevoir la cause & la fait enfoncer. Quelle fut sa surprise!... Il fait en hâte des informations dans le voisinage, & il apprend qu'on a vu passer un homme avec des paquets : on suit la trace, on parvient à découvrir le savoyard qui les avoit portés. Plainte rendue. Enfin, à 11 heures du soir, l'escroc est arrêté dans son lit. Son premier mouvement est de protester de son innocence, mais en voyant le savoyard : *Ah!* dit-il, *c'est bien la derniere* fois que je me fais aider dans mes opérations. *Quoi!* lui demande-t-on, *vous espérez donc continuer à l'avenir? Oh! je sais bien,* répondit-il, *que je ne serai pas pendu, que j'en serai quitte pour quelques années de galeres, & après ce séminaire, je saurai mieux prendre mes précautions.* Malheureusement la loi ne punit point l'intention, & cet homme, tout scélérat qu'il s'est fait connoître, reviendra dans la société pour y accomplir ses projets & faire bien pis à coup sûr. Faut-il qu'un code aussi barbare que celui de nos loix criminelles, soit seul préservé de l'influence philosophique, si pernicieuse à tant d'autres égards!

Un particulier qui entretenoit une Actrice, ayant épuisé tous les moyens connus pour subvenir à ses dépenses, vint trouver un Juif (*) dont le magazin étoit un des mieux assortis tant en soieries qu'en dorures. Le Juif voyant un superbe équi-

_____

(*) Quoique le Judaïsme exclue des *Six Corps* tous ceux qui professent cette Religion, les disciples de Moyse n'en exercent pas moins ici leur Industrie en achetant soit des banqueroutiers frauduleux, soit des *faiseurs d'affaires*, à cinquante & soixante pour cent au-dessous de la valeur.

page s'arrêter à sa porte, s'empresse de descendre & vient au-devant de l'étranger inconnu. M., lui dit celui-ci, *mon oncle qui est le Grand Pénitencier, desireroit avoir pour une Abbaye de quoi faire un superbe Devant-d'Autel & les ornemens sacerdotaux assortis : il m'a chargé de faire cet achat & comme on m'a assuré que vous étiez rond en affaires, je suis venu chez vous par préférence : c'est de l'or en barre ; vous serez payé en livrant la marchandise, j'y mettrai cependant une condition : ma sœur qui a beaucoup de dévotion à la Vierge me demande un pareil ornement en blanc, mais il faut que vous vous arrangiez de façon que je n'aie rien à débourser pour cet objet, ainsi que pour deux habits à mon usage; si vous le trouvez bon,* (montrant un filou qui l'accompagnoit) *M. qui est mon tailleur emportera l'étoffe chez lui : --- Qu'à cela ne tienne,* répond le Juif; *je vous traiterai, M., en honnête homme,* & en même temps il déploie ce qu'il a de plus riche dans tous les genres. Le chaland, comme on peut croire, n'hésite pas dans le choix, fait mettre à part plusieurs pieces de dorures, fait lever les habits & les ornemens pour la Vierge, remet ceux-ci à son tailleur (au filou s'entend) en fait monter un autre qui étoit en grande livrée; puis s'adreſſant au Juif: M, dit-il, *vous me donnerez un de vos commis pour m'accompagner juſques chez mon oncle où vous recevrez votre argent.* Le ſoi-diſant neveu du Grand-Pénitencier monte en voiture avec un des ſuppôts de l'Iſraëlite, & celui-ci rit dans ſa barbe d'avoir fait une auſſi bonne journée aux dépens du bon Dieu & de la Ste. Vierge. On arrive au cloître *Notre-Dame*; un des laquais deſcend, feint de parler au ſuiſſe & vient annoncer que le Grand-Pénitencier eſt au confeſſional, où le filou ſavoit bien qu'il devoit ſe trouver à cette heure-là. *Suivez-moi*, dit le neveu au commis du Juif, *je vais vous faire parler auſſi-tôt à mon oncle :* à peine ſont-ils entrés dans la cathédrale que la voiture diſparoît: le neveu va au confeſſional, s'approche du Grand-Pénitencier, en ayant ſoin de faire tenir l'Iſraëlite aſſez loin pour qu'il ne puiſſe rien entendre. *Mad. la Comteſſe de****, dit-il, *qui s'intéreſſe très-particuliérement à l'homme que vous voyez, vous prie, M., de vouloir bien l'entendre en confeſſion : c'eſt un nouveau converti dont elle eſt marraine... A l'inſtant je ſuis à vous*, répond le Grand-Pénitencier qui avoit encore quelques pénitentes à entendre, adreſſant la parole au Juif : le neveu offre à ce dernier de conſidérer en attendant les tableaux & a grand ſoin de l'amuſer pour donner le temps à ſes complices de gagner aux champs. Le quart-d'heure de Rabelais approchoit, il ne reſtoit plus qu'un vieux militaire. *Mettez-vous là*, dit le neveu au Juif, en lui montrant l'autre côté du confeſſional & ſe tenant derriere lui : à peine le fatal guichet eſt-il ouvert, qu'il diſparoît. — M., dit le Juif, *c'eſt moi qui ſuis*.... — *Je ſais qui vous êtes, dites votre* Confiteor... — *C'eſt de la part de M.* Aaron Moſes. — *Oui, je ſais bien ; Mad. la Comteſſe...., allons, mon enfant, commencez....* — *M., voici M. votre neveu*.... — Celui-ci étoit déjà bien loin : le nouveau converti ne fait qu'un ſaut, ouvre bruſquement la porte du confeſſional, s'emporte en invectives, le Suiſſe arrive & chaſſe à grands coups de hallebarde le commis d'*Aaron Moſes*. On aſſure que jamais acte de contrition n'a été plus ſincere que celui de cet Iſraëlite qui étoit bien éloigné de s'attendre à un tel dénouement.

Malgré les progrès viſibles de la morale philoſophique, les gens d'une certaine claſſe ſont encore loin parmi nous d'être de ces maris que *Boileau* crut nommer plaisamment des *maris bons chrétiens*. Un gros Bourgeois fort jaloux de sa femme qui est jeune & jolie, eut la bizarre fantaisie d'aller consulter à *Strasbourg*, sur ce qu'il appelloit son cas, le célebre Comte *Cagliostro*. En arrivant chez ce médecin, il lui a dit qu'il étoit malade de jalousie & qu'ayant oui vanter sa science universelle, il venoit le prier de juger s'il étoit ou n'étoit pas cocu. Le Comte *Cagliostro* voulant s'amuser de cet original, lui a répondu que rien n'étoit plus simple, plus aisé à savoir ; qu'il alloit lui donner une fiole contenant une liqueur qu'il devoit boire lorsqu'il seroit de retour auprès de sa femme & au moment de se coucher avec elle. Si vous êtes cocu, lui dit-il, le lendemain en vous réveillant vous serez métamorphosé en chat. Le mari revenu chez lui parle beaucoup à sa femme des sublimes talens du Comte. Elle veut savoir le motif du voyage, il se fait prier, enfin il cede aux plus vives instances & lui détaille l'infaillible moyen qu'il a de découvrir si elle est fidele. On rit de bon cœur de sa crédulité, on lui proteste qu'il n'a rien à craindre ; il avale le breuvage & les voilà tous deux au lit. Une heure après, cet époux se trouva dans un état qui surprit fort agréablement & lui-même & sa tendre moitié, tant ils étoient peu accoutumés depuis long-temps à pareille aubaine. Ce fut une vraie nuit de noces. Ils s'endormirent assez tard en bénissant le Comte & sa liqueur, & la femme, en bonne ménagere, se leva le matin la premiere & laissa reposer son mari qui en avoit besoin. A dix heures cependant, voyant qu'il ne se levoit pas, elle alla pour le réveiller; mais quel fut son étonnement! Elle vit un gros chat noir; il étoit mort. Elle jette les hauts cris, appelle son mari: personne ne répond. Elle embrasse ce chat & dans la premiere effusion de sa douleur, elle lui parle ainsi: ,, Faut-il ,, donc que j'aie perdu le meilleur des ,, maris pour deux fois seulement que je ,, lui ai été infidele! Ah, maudit Con- ,, seiller! je ne voulois pas, vous m'avez ,, séduite.... ô trop dangereux Lieute- ,, nant! avec votre air de héros, vos ré- ,, cits de combats, vos cajoleries, vos ,, sermens & vos pleurs! vous savez com- ,, bien j'ai résisté... vous m'avez tourné ,, la tête, vous avez abusé d'un instant de ,, foiblesse pour.... Ah, mon pauvre ma- ,, ri! mon cher mari! tu es mort! qui ,, auroit pensé que tu mourrois de cela! ,, aurois-je pu croire que cette nuit étoit

„ la derniere que je passerois avec toi! „ hélas! & quels adieux! ce souvenir ne „ fait qu'augmenter mes regrets... « Enfin comme cette femme toute hors d'elle exprimoit ainsi son désespoir, le mari sort de dessous le lit : „ Ah! ah, Madame, „ dit-il, je suis donc votre cher, votre „ pauvre mari!... Et le Conseiller!... Et „ le Lieutenant!... Il vous en a donc „ fallu deux?... « La femme se voyant prise pour dupe, a avoué ses torts, a promis de n'y plus retourner. Mais ce ménage ne laisse pas, dit-on, d'être encore un peu brouillé; cette aventure a fait du bruit. Il n'est pas nécessaire de dire que l'époux avoit fait étrangler un chat pour le mettre à sa place; peut-être même avoit-il feint le voyage à *Strasbourg* pour découvrir ce que, sans doute, il voudroit bien ignorer maintenant, car il ne paroît pas être de ceux qui disent :

>Quand on l'ignore ce n'est rien,
>Quand on le sait c'est peu de chose.

La *Curiosité* (c'est sous ce nom que l'on désigne la classe des amateurs & des marchands des productions *curieuses* de la nature & de l'art) a perdu, il y a quelque temps, un des plus célebres *brocanteurs* qu'elle ait eus au nombre de ses membres:

Or tous se mêlent de *brocantage*; il n'est gueres d'*homme à collection* qui ne vende & ne *troque*, soit par inconstance dans ses goûts, soit pour multiplier ses jouissances, soit par amour du gain, soit pour se dédommager sur quelque dupe plus novice, du déplaisir de l'avoir été soi même : Mais je ne veux vous parler que du feu Marchand de tableaux *le Doux*. Malgré une réputation de finesse bien méritée qui depuis long-temps écartoit de lui les amateurs, il a laissé une fortune considérable. Se voyant délaissé, il n'est point de ruses que son imagination fertile ne lui ait suggérées pour convertir en rouleaux de louis les *Croutes à Lazi* (c'est le mot) qu'il achetoit au plus vil prix dans des ventes obscures. On raconte entr'autres de lui ce trait plaisant.

Le Prince D*** avoit la manie des tableaux, & suivant l'usage, se croyoit un très-habile connoisseur. Toute la *Curiosité* étoit bien venue chez lui à de certaines heures & lui faisoit assiduement la cour : *Le Doux* seul étoit consigné à la porte; son nom même étoit un objet de terreur pour S. A., à qui l'on répétoit chaque jour qu'elle ne pourroit éviter de tomber dans les filets de *le Doux*, s'il obtenoit le moindre accès près d'elle.

Le Doux jura que cette proie ne lui échapperoit pas; voici comment il s'y prit. Un matin, vêtu dans le plus grand deuil, il se présente sous un nom supposé à l'hôtel du Prince D***. Il est introduit, & se jette à ses pieds en versant des larmes abondantes : — *Monseigneur, j'étois né avec de la fortune & je suis réduit à la misère la plus profonde, si V. A. ne daigne me prendre en pitié. — Qu'est ce donc; que puis-je faire ? — Monseigneur, je viens de perdre mon pere; c'étoit bien le plus honnête des hommes, mais il avoit la manie des tableaux : il me laisse des chefs-d'œuvre, dit-on, mais il y a mis toute sa fortune.... Je ne m'y connois pas : avec cette riche collection, il ne me reste point de ressources pour vivre. — Mais il faut la vendre. — Et à qui, Monseigneur ? On dit que ces brocanteurs sont autant de frippons & de scélérats qui ne me donneront pas la centieme partie de ce que toutes ces belles choses ont coûté : il y a un nommé* le Doux *qui me pourchasse; c'est, dit-on, le seul qui ait de l'argent; il m'offre si peu ! — Oh, méfiez-vous de ce* le Doux, *c'est un drôle qui veut avoir votre succession pour rien; écoutez, je veux voir moi même vos tableaux, vous m'intéressez. — Ah, Mon-*

seigneur, vous ne voudrez pas abuser de mon ignorance : vous êtes trop grand pour ne pas prendre à une juste valeur ces effets qui forment tout ce que je possede..... je venois précisément supplier V. A.... -- Mes chevaux ! nous allons ensemble voir ces tableaux.

C'étoit précisément ce que vouloit mon le Doux. Il avoit loué un appartement dans un quartier éloigné & y avoit disposé avec art les *Croutes à Lazi* renfermées dans de belles bordures. Le Prince arrive avec le Brocanteur. La douleur de celui-ci semble se réveiller à la vue des folies de son pere qui a converti une fortune considérable en effets si inutiles. Du coin de l'œil il observoit le Prince ; il lit dans ses regards satisfait le succès de son stratagême. --- Eh bien, Monseigneur ? Combien voulez-vous avoir de cette collection ? -- Oh ! Monseigneur, je m'en rapporte à V. A., à ses lumieres, à sa justice. --- Combien le Doux vous en a-t-il offert ? --- Cet arabe, ce juif, ce frippon vouloit avoir tout cela pour 40,000 livres, & mon pere y a mis plus de 100,000 écus. --- Votre pere s'est laissé tromper : Si vous voulez 3,000 louis de la totalité, c'est une affaire faite.... Voilà le Doux qui sanglotte, qui se roule par terre, & qui bientôt fait décrocher les tableaux ; on les porte à l'hôtel, il touche la somme & disparoît.

Les amateurs arrivent chez le Prince ; il leur fait voir son acquisition. -- *Eh, voilà les tableaux de le Doux ! tout cela vaut à peine le prix des bordures.* Le Prince D*** jette d'abord feu & flammes, veut plaider ; il se rappelle qu'il a lui-même fixé la somme qu'il a si mal employée ; il voit s'évanouir sa réputation de connoisseur ; il finit par cacher les Croutes à tous les yeux, recommandant le secret à ceux à qui il s'étoit trop pressé d'apprendre qu'il avoit été dupe.

Un Médecin à qui un avare racontoit ses maux & demandoit des avis dans une société où il l'avoit rencontré, en reçut cette réponse : -- *Mais, M.,...... je vous conseille de consulter un homme de l'art.* Un procès qui vient d'être jugé dans une de nos Provinces, fait connoître un Médecin qui a voulu faire bien plus que celui-là. Cette aventure apprend qu'il faut y regarder à deux fois pour recevoir à tel titre que ce soit, les visites de gens qui ont le droit de se les faire payer. L'inefficacité des remedes pour dissiper quelques accidens qui inquiétoient Mad. D*** à la suite d'une maladie dangereuse, détermi-
nerent

nerent son Médecin à la remettre à la vie commune. On consulta la Faculté de *Paris*, qui fut du même avis. Mad.... ayant pris le parti de le suivre, paya largement son médecin, *pour solde de compte définitif.* Il continua cependant ses assiduités près d'elle, sous le titre d'ami de la maison de cette Dame, qui n'a point été malade depuis. Ses deux enfans ayant eu ensuite la petite vérole, ce Médecin fut consulté & récompensé de ses soins par des présens en linge & en bijoux : il avoit aussi profité de la voiture de la Dame, pour venir avec elle à *Paris*, où des affaires personnelles appelloient ce Médecin. — Au mois d'août dernier, desirant mettre à profit ses assiduités, il fit assigner les S. & Dames D*** pour les faire condamner à lui payer une somme de 1856 liv. *pour 2667 visites faites chez cette Dame, dans la ville où est son domicile, pour 114 visites à sa campagne, distante de la ville de 4 lieues, & pour l'avoir accompagnée dans un voyage à* Paris, *où elle alloit consulter les Médecins.* — Il faut avouer que ce Docteur savoit compter ; il n'eût pas été mal-adroit si après avoir près de six ans partagé peut-être la table de cette Dame, il avoit pu s'en faire payer une somme conséquente pour l'aider

Tome I. H

à fonder la sienne par la suite; mais les S. & Dame D*** peu complaisans, ont cru devoir défendre à cette demande par l'exposé des faits ci-dessus. Ce nombre prodigieux de visites a paru invraisemblable aux Juges & au surplus très-inutile à une personne qui, remise à la vie commune, n'avoit plus eu aucun régime à garder. Ils ont estimé qu'il y avoit compensation des soins donnés aux enfans pendant la petite vérole avec les présens reçus, & ont débouté le Médecin de ses demandes avec dépens.

M. *Boncourt* un de nos traitans a éprouvé une aventure assez plaisante pour tous autres que pour lui, qui est connu par son goût décidé pour l'argent, seule qualité par laquelle il puisse prétendre à la célébrité. Ce Financier a une jolie femme assez connue de son côté, mais par des goûts différens, que son mari ignore ou qu'il feint d'ignorer en enrageant tous bas. Elle aime infiniment le plaisir & conséquemment la dépense qui, suivant le préjugé reçu, le procure. Ne sachant comment avoir de l'argent que l'époux avare lui refusoit, elle a mis une intriguante dans la confidence. Cette femme s'est présentée chez le Crésus comme une Dame de qualité qui avoit besoin d'une somme pour suivre un procès d'où dépendoit sa fortune ; la Dame a supposé des titres pour faire cet emprunt qui lui a été accordé par le Financier à des conditions fort dures. Le temps des payemens arrivé, le rideau de l'aventure s'est tiré ; l'homme aux écus a trouvé pour débitrice, à la place de la Dame aux terres & aux procès, sa chere femme qui s'est mise à rire de la créance. M. *Boncourt* avoit pris des diamans en nantissement ; son adroite moitié se les étoit procurés chez un jouaillier auquel elle avoit donné les siens sous prétexte d'y faire quelques réparations. « Monsieur, a dit Mad. *Boncourt* à son mari qui lui témoignoit sa mauvaise humeur, ne vaut-il pas mieux que je vous aie fait cette petite espiéglerie que d'avoir eu un autre créancier que vous ; vous sentez quelle monnoie on eût peut-être exigé, je n'eusse pas donné des diamans en gage ; rendez donc ceux que vous avez reçus. » L'époux dans son désespoir a répondu : « Eh, morbleu Madame, faites-moi cocu & ne me volez pas, » La petite maîtresse à, dit-on, profité de l'avis & n'en a pas été moins alerte à s'approprier les écus de Monsieur.

Le Roi se promenant, un jour, avec le Comte d'*Artois*, écarté de la foule des courtisans, rencontra un chartier assez embarrassé. Sa voiture étoit embourbée & il lui falloit un coup de main pour la tirer de ce mauvais pas; le Monarque aussi-tôt, aidé de son frere, courut à cet homme qui ne les connoissoit pas & donna le secours qui lui étoit nécessaire. Le charretier pénétré de reconnoissance leur offrit un *coup à boire*, ce qui, comme on le peut penser, fut refusé. En le quittant, le Roi lui donna un louis & M. le Comte d'*Artois* lui en donna deux. Le charretier arrivé au terme de son voyage sut quels étoient ses bienfaiteurs & marqua sa surprise de ce que le Roi lui avoit donné moins que son frere. Le Souverain instruit de l'étonnement du voiturier le rencontre un autre jour & lui dit : « Mon
» ami, j'ai entendu dire que vous aviez
» été plus satisfait de mon frere que de
» moi; il n'est pas surprenant qu'il ait été
» plus généreux ; il n'a qu'un enfant &
» moi j'en ai dix-huit à vingt-millions. »

Le Comte d'*Escars*, un de nos courtisans, a eu une aventure assez singuliere à l'un de nos bals. Il étoit amoureux d'une fort jolie femme qui lui avoit donné rendez-vous à cette assemblée : il ne manque pas de s'y trouver ; il la poursuit avec vivacité ; enfin il obtient qu'elle sera sensible à son amour, & que la récompense suivra de près son aveu. La Dame avoit un masque qu'elle n'a jamais voulu quitter, pas même dans ces momens où l'on peut agir avec liberté. Le couple amoureux, après les tendres ébats, se sépare en se faisant mille protestations d'une tendresse mutuelle. Le Comte étoit enchanté de sa bonne fortune. Un amant heureux rarement est discret ; il raconte sa conquête à un de ses amis, qui en fait part à un autre ami ; enfin, il lui est prouvé, au grand mécontentement du Comte, que la Dame, l'objet de ses pensées, n'étoit point du tout celle qui avoit été dans ses bras. C'étoit une vieille fille toute bourgeonnée, la sœur d'un Libraire : elle avoit vu le Comte, s'étoit apperçue qu'il poursuivoit au bal une Dame & avoit eu l'adresse de prendre le même déguisement, tandis que par des moyens dont on ne m'a pas rendu compte, elle avoit su écarter sa rivale. Le Comte en est furieux, il reçoit des complimens de tout le monde, & la vieille fille dit effrontément : *Il croit avoir été ma dupe ; c'est moi qui ai été la sienne.* M. le Comte est bien *meilleur à voir qu'à avoir, & en vérité ce n'étoit pas la peine que je fisse une pareille sottise.*

Le Directeur d'un tripot de saltinbanques, qu'on nomme la troupe d'*Audinot* (c'est *Audinot* lui-même) a essuyé un petit désagrément. Il vivoit depuis long-temps en concubinage avec une femme dont il avoit plusieurs enfans. Ce galant homme, imbu de l'esprit comique, avoit fabriqué à sa guise les extraits baptistaires de ces enfans, en s'y reconnoissant le mari de sa maîtresse, qui en avoit cependant un autre, nommé *la Prairie*. Une fille assez célebre à Paris par les agrémens de sa figure, & par ses liaisons avec le Prince de *Conti*, est l'un des fruits de ces belles amours. Elle s'est avisée de consulter un jour son extrait baptistaire, & y voyant un nom étranger qu'avoit imaginé *Audinot* pour remplacer celui de Mad. *la Prairie* qui étoit la véritable mere, a attaqué le Directeur de troupe en justice. Elle l'a fait sommer de lui déclarer où étoit sa mere, & si elle étoit morte, de lui rendre compte de ses biens. *Audinot* a rendu naïvement celui de sa conduite & du faux qu'il avoit commis. Cette plaisanterie lui a valu quelques jours de pri-

fons & le *Blâme* dont il se moque aussi-
bien que l'a fait *B*........ Ces deux personnages sont assez de l'avis du cocher de
fiacre, auquel un premier Président faisoit
cette petite cérémonie : elle consiste en
ces mots qui se disent à l'audience, au
coupable humblement prosterné tête nue :
La Cour te blâme & te déclare infâme !
à ces paroles, le cocher tout ému s'écria :
*Monseigneur, cela va donc m'empêcher
de conduire mon carrosse ? — Non,* lui
répondit-on. — *Sur ce pied-là je m'en
f.....* reprit le fiacre. On ajoute que le
Président s'en alla en disant : *& moi aussi.*

Un homme honoré de la confiance d'un
Seigneur, fait un faux, c'est-à-dire, jette
dans le public un billet signé du nom du
Seigneur, dont il avoit su contrefaire l'é-
criture. L'échéance arrive, on présente le
billet à la personne dont le nom avoit été
compromis ; elle consulte un mémoire où
ses engagemens étoient notés, & déclare
que ce billet est faux. Elle en fait part à
un de ses gens d'affaires, qui remonte à
la source & démêle le malhonnête homme. Il écrit aussi-tôt au Seigneur, qui
étoit à la campagne, & lui découvre le
frippon. Quelle surprise pour un homme
qui n'auroit jamais osé soupçonner le cou-

pable, qu'il regardoit au contraire comme un autre lui-même! Mais, fentant ce que va devenir le malheureux, le Seigneur revient vîte à *Paris*, déclare tout haut à la juftice, que la faute eft de lui feul, de fon inexactitude, de fa négligence à noter le billet, & de fon peu d'attention à l'examiner. Il efface le fouvenir de cette aventure en payant le billet. De tels procédés font beaux & rares.

Dans un village de Provence nommé *Canne*, un aubergifte affez miférable de cet endroit, n'avoit pas eu depuis quinze ans, de nouvelles d'un de fes fils qui étoit allé chercher fortune en Amérique. Son voyage & fes travaux avoient fructifié, & fe rappellant, il y a quelques mois, l'indigence de fes parens, ce fils, digne d'un meilleur fort, revint en France, avec le feul deffein de leur apporter des fecours & de jouir quelque temps du fpectacle de fon bienfait. Arrivé à *Canne*, l'Américain débarque à l'auberge qui l'avoit vu naître, & pour ménager les plaifirs d'une reconnoiffance qui devoit être touchante, il remet au lendemain à quitter l'*incognitò*. Il avoit apporté avec lui une caffette qui contenoit deux mille louis d'or, & dont le poids annonçoit affez la valeur. Cette malheureuse cassette, plus fatale que la boîte de Pandore, excita la cupidité du pere & de la mere de l'inconnu auquel elle appartenoit. Ils se concertent pour chercher à se l'approprier, & vers le milieu de la nuit, entrent dans la chambre de leur fils, à qui la joie de la bonne action qu'il méditoit, la tranquillité dont jouit toujours une ame honnête & la fatigue du voyage avoient procuré un sommeil doux, mais profond. Les monstres l'égorgent & s'emparent du tréfor qui leur étoit destiné à un titre bien différent. Si ces scélérats ont conservé dans leur ame criminelle, quelque accès au sentiment que la nature n'a pas refusé aux bêtes les plus féroces, ils auront subi sans doute en reconnoissant leur fils dans la victime de leur forfait, un supplice plus terrible encore que celui qui leur est destiné.

Un homme racontoit dans un repas, qu'il avoit eu, peu de temps avant, une dispute assez vive & qu'elle s'étoit terminée par un maître soufflet qu'il avoit reçu. — Un soufflet, reprit vivement quelqu'un ! mais, M., cela dut avoir des suites....? — Comment des suites? dit le narrateur, cette aventure a eu en effet des suites terribles, j'ai eu la joue enflée pendant huit jours & je m'en reſſens encore... Un gaſcon s'eſt tiré aſſez adroitement d'une hiſtoire dans laquelle il s'étoit embarqué & qui en étoit à un ſoufflet qu'il avouoit avoir reçu : *Eh bien?* lui diſoit l'un, *Eh bien?* lui diſoit l'autre ; tout le monde attendoit le dénouement : *Eh bien, Cadedis*, reprit le gaſcon, *l'homme fut enterré le lendemain.*

Il y a en Angleterre des voleurs dignes par leur eſprit d'être membres d'une Académie. On a admiré celui qui à *Londres*, au Caffé de la Bourſe, ſuivit pendant un mois entier un Lord agioteur, ſut gagner ſa confiance & ſon amitié, puis un beau jour feignit d'avoir un voyage à faire. Mylord vient à tirer ſa montre. --- Oh! le charmant bijou, s'écrie le frippon, combien vous a-t-il coûté? --- Cinquante guinées; -- j'en donnerois cent pour poſſéder un bijou pareil. --- L'horloger qui l'a fait eſt mort. --- Je n'oſe, Mylord, vous faire une propoſition; voici un billet de banque de ſoixante livres ſterling, je vous ſupplie de me confier votre montre pour une demi-heure, je vais la faire voir à un habile ouvrier qui en prendra le deſſin & auquel j'en commanderai une pareille. --- Gardez le billet & la montre, je vous attends dans une heure à la Bourſe... L'eſcroc inſiſta; le Lord prit le billet en nantiſſement, donna la montre & prêta même ſon carroſſe au ruſé coquin qui devoit aller chercher ſon horloger de confiance, à l'extrêmité de la ville. Le voleur n'a garde de courir ſi loin; monté dans l'équipage du Lord, ſuivi de ſes trois laquais, il ſe fait conduire à ſon hôtel & demande à parler à Mylady. --- Je viens, Mylady, de la part de Mylord, dont vous voyez que le carroſſe & les gens m'ont conduit ici; il eſt au point de conclure à la bourſe une opération conſéquente & que des avis ſûrs lui font regarder comme excellente: il n'a pu ſans craindre de la manquer, venir ici lui-même; s'il tardoit un moment, les nouvelles qu'il a reçues, en ſe divulguant, changeroient le cours des effets & il perdroit une occaſion rare; il m'a donc chargé de vous demander tous les billets de banque qu'il a laiſſés entre vos mains: pour vous inſpirer plus de confiance, Mylady, comme Mylord ne pouvoit écrire, il m'a remis ſa montre que je vous préſente comme lettre de créance... Mylady donne dans le panneau & remet à l'eſcroc, 4000 livres ſterling en effets; vous penſez ſans doute qu'il s'évada avec cette ſomme, vous vous trompez ; un homme de génie ne sacrifie rien ; dans une grande affaire, il tire parti de tout ; le nôtre retourne à la Bourse, remet au Lord sa montre avec mille excuses & mille remerciemens, reprend son billet de 60 liv. st. & pour lors prend congé. Et que dire de celui que l'Archevêque de *Cantorbery* rencontra dans une forêt assis par terre devant un échiquier ? Le Prélat voyant un homme jouer seul aux échecs descend de voiture, pour rire de sa folie. --- Que fais-tu là, mon ami ? --- Je joue aux échecs. --- Comment, tu joues seul aux échecs ! --- Non pas, Mgr. je joue avec le bon Dieu. --- Il t'en doit coûter fort peu quand tu perds. --- Si fait parbleu, je paie très-exactement & nous jouons gros jeu, attendez un moment, vous me porterez peut-être bonheur, je suis aujourd'hui d'un guignon affreux.... Aie ! me voilà mat.... L'Archevêque de rire tout son saoul ; le joueur du plus grand sang froid tire trente guinées de sa poche & les lui donne. Mgr., quand je perds, le bon Dieu envoie toujours quelqu'un pour recevoir ce qui lui revient, les pauvres sont ses trésoriers, ne balancez pas à recevoir cet argent & à le leur distribuer, c'étoit le prix de cette partie. --- L'Archevêque eut beau résister, il fut obligé d'emporter les trente guinées. Un mois après le Prélat repasse par la même forêt & revoit encore son joueur. Celui-ci, dès qu'il l'apperçoit, l'engage à s'approcher. --- Mgr., j'ai cruellement perdu depuis que nous ne nous sommes vus, mais je tiens une bonne revanche ; ma foi, voilà le bon Dieu échec & mat... Eh bien, dit l'Archevêque, qui te payera ? --- Vous, Mgr., je jouois trois cens guinées, & le bon Dieu m'envoie toujours quand je gagne, quelqu'un qui me paie aussi exactement que je le fais quand je perds; j'ai même dans ce bois quelques amis qui vous l'attesteront si vous refusez de le croire.... Il fallut bien que le Prélat se résolut de payer de tout ce qu'il avoit sur lui; il n'attendit même pas que les invitations se multipliassent par l'arrivée des bons amis de la forêt.

M. de *Clugny* qui est mort Contrôleur-général, se trouva un jour fort incommodé en revenant de l'*Amérique*. Le Médecin du vaisseau l'examina, & à quelques taches jaunes qu'il lui vit sur la peau, décida que le malade étoit attaqué de la peste. Le Conseil assemblé, on condamna en conséquence M. de *Clugny* à être sacrifié au salut de tous & à périr comme un nouveau rédempteur. L'aumônier du vaisseau alla annoncer au malade qu'il devoit se préparer à être jetté à la mer. M. de *Clugny* demanda par grace deux heures pour mettre ordre à ses affaires; au bout de ce temps qui lui fut accordé, l'aumônier & l'esculape entrerent dans la chambre, mais quel fut leur étonnement de trouver le prétendu pestiféré ivre mort, étendu à terre à côté d'un pot d'eau-de-vie qu'il avoit vuidé. Le mystere de la maladie se développe alors aux yeux de l'ignorant médecin qui en savoit pourtant assez pour distinguer une immense quantité de pustules d'un genre bien différent de celui qu'il avoit annoncé d'abord. La potion violente qu'avoit pris M. de *Clugny*, avoit chassé avec force au travers de la peau le virus de la petite vérole dont le malade se tira fort heureusement.

Il s'est passé à un bal de l'Opéra, une scene du genre de celles dont la halle est souvent le théâtre, mais les suites en ont été plus plaisantes. Deux Courtisannes, *Rosalie* & *Sainte-Marie*, se sont prises de propos: Les injures, les invectives ou les vérités dures, ce qui est à peu près synonyme entre ces Demoiselles, ont été prodiguées. *Rosalie* fut obligée de céder le champ de bataille à son adversaire ; elle se retira étouffant de rage & dévorée de la soif de se venger. Le lendemain, un jeune homme se présente chez *Sainte-Marie* qui étoit encore couchée : la femme-de-chambre refuse la porte, il insiste, enfin il pénetre dans la chambre où la Belle reposoit dans les bras de Morphée. Alors il ferme les verroux, il ouvre les rideaux avec fracas & se fait reconnoître. C'étoit *Rosalie* elle-même qui venoit demander raison à son adversaire. Elle tire deux pistolets & les présente à *Sainte-Marie*, qui à peine éveillée, saute de son lit en chemise & tombe aux pieds de *Rosalie* pour lui demander grace. Celle-ci offre l'arme blanche également refusée. *Rosalie*, après avoir traité sa rivale de poltrone, tire une grosse poignée de verges qu'elle avoit cachée sous sa redingote, oblige *Sainte-Marie* à se trousser elle-même, la fustige jusqu'au sang & se retire satisfaite de sa vengeance.

Une jeune personne qui du fond d'un couvent de Province, s'est trouvée tout à coup transportée dans les bras d'un vieux Financier de cette capitale & dans le bruyant tourbillon de nos sociétés, fut conduite, un jour, pour la premiere fois de sa vie au spectacle. C'étoit à la Comédie françoise : on jouoit la tragédie la plus froide du théâtre moderne. Un de nos *Roués*, de ces mauvais plaisans qui s'amusent tant qu'ils peuvent aux dépens de l'innocence ingénue, avoit dit à la pauvre provinciale, que pour se faire une réputation, pour répandre une bonne idée de la sensibilité de son cœur, il étoit à propos de donner un cours abondant à ses larmes & de rendre l'auditoire témoin de l'impression que lui faisoit ressentir ce qui se passoit sur le théâtre. La jeune femme ne manqua pas de faire provision de mouchoirs, & dès la seconde scene, la voilà qui se lamente, qui pousse des gémissemens, qui fait retentir la salle de ses sanglots. Le parterre entier de se tourner vers elle, d'applaudir à tout rompre ; enfin le tapage devint général & on poussa les choses au point que le spectacle fut interrompu pendant une demi-heure, & la tranquillité ne put renaître que lorsque l'innocente Financiere se retira, en promettant bien de ne jamais s'exposer à avoir des affaires avec le public, & de ne laisser dorénavant éclater sa sensibilité que dans le tête-à-tête.

Au commencement de la guerre d'*A-*

mérique, une jeune Demoiselle née dans le pays de *Galles*, de parens distingués, fit connoissance d'un Cornette qui recrutoit dans la ville qu'elle habitoit : elle lui inspira rapidement une passion qu'elle partagea, & qui s'accrut en peu de temps au point que lorsque l'Officier appellé en *Amérique* par son devoir, se vit sur le point de la quitter, elle se détermina à le suivre, s'évada secrétement de la maison paternelle, laissant sur la table une lettre dans laquelle elle faisoit les adieux les plus tendres à ses pere & mere, & les conjuroit de n'avoir aucune inquiétude sur son compte, parce que son honneur étoit en sûreté : on se rappelle d'avoir vu dans le temps renouveller fréquemment dans tous les papiers nationaux, des avertissemens par lesquels les malheureux auteurs de ses jours, l'invitoient de la maniere la plus attendrissante à revenir pour essuyer leurs pleurs, & partager les transports qu'occasionneroit son retour : Pendant ce temps-là le vaisseau sur lequel nos amans étoient embarqués cingloit vers l'*Amérique* : ils arriverent à *New-York* où l'hymen mit le sceau à leurs engagemens précipités. L'honneur est en général le caractere distinctif de l'Officier, mais malheureusement l'acception qu'il donne au mot *hon-*

neur, n'a pas toujours affez d'étendue ; il l'applique quelquefois trop strictement à ce qui regarde la profeffion des armes, & trop souvent il se fait un jeu de ce qui dans le fond le déshonore aux yeux de la raifon & de la philofophie : tenter de débaucher une époufe vertueufe, eft par exemple une gentilleffe dont le Commandant du régiment dans lequel fervoit le jeune Cornette ne se fit pas un fcrupule : il trouva la nouvelle mariée jolie, très-jolie : la plupart des Officiers la virent des mêmes yeux ; mais par déférence pour leur fupérieur, ils ne parlerent pas pour leur compte, s'empresserent au contraire de servir fa paffion, lorfque l'occafion s'en préfentoit, & porterent la complaifance jufqu'à partager la haine que la jaloufie lui infpira pour l'époux fortuné : après avoir tenté infructueufement tout ce qu'une paffion déréglée infpire pour féduire une femme, le Commandant irrité, mais non rebuté par les refus, faifit lâchement une occafion bien étrange de faire éclater contre le jeune Cornette, la haine qu'il nourriffoit dans fon cœur ; le malheureux, en cherchant quelques fimples dont la fanté de fon époufe rendoit l'ufage néceffaire, avoit paffé les limites prefcrites à la garnifon ; il n'en fallut pas davantage pour le condamner à la prison, où l'humidité du climat le réduisit en peu de temps à une extrêmité si sérieuse que ses jours furent visiblement en danger : son épouse qui ne le quittoit pas, & qui dans la consolation de prodiguer ses soins à son mari, trouvoit à peine des forces suffisantes pour le soutenir, touchoit elle-même au moment de succomber, lorsqu'on vint lui dire de la part du Commandant, que si elle consentoit à se séparer de son mari, elle auroit un asyle décent & ne manqueroit d'aucune des choses nécessaires au rétablissement de sa santé & à son bien-être. La jeune héroïne envoya en réponse une lettre ouverte, qui fut publiquement lue dans le camp, & dont ce qui suit est la substance.

,, Homme indigne, sachez que prête à
,, expirer dans les tortures, s'il s'agissoit
,, de sauver mon mari, je ne sauverois
,, ni lui ni moi, s'il falloit que son hon-
,, neur ou le mien en souffrissent : ne
,, croyez pas, homme vain, que l'indigen-
,, ce, les souffrances & la chasteté ne peu-
,, vent point habiter ensemble une ame
,, noble & pure : vous vous abuseriez ;
,, l'insulte que je reçois de vous est d'au-
,, tant plus lâche que vous ne pouvez
,, vous dissimuler que rien dans ma con-

» duite n'a jamais pu encourager votre au-
» dace : ne m'importunez plus, & fur-
» tout que votre préfence ne viole pas
» mon afyle : mes bras font affoiblis, à
» peine me refte-t-il la faculté de les le-
» ver encore pour difpenfer mes foins à
» mon époux, mais craignez qu'ils ne
» trouvent dans l'excès de l'outrage affez
» de force pour nous venger l'un &
» l'autre. »

A la lecture de cette lettre, le Commandant frappé de remords, vole aux pieds de l'héroïne, lui demande humblement pardon, ainfi qu'à fon fexe, qu'il promet de refpecter le refte de fa vie ; le jeune Cornette fut élargi fur le champ : bientôt on l'avança, & il eft actuellement Major du régiment : le couple vertueux, objet de l'admiration univerfelle, feroit trop heureux, fi la cruelle épreuve à laquelle il fut mis, n'en eut pas confidérablement altéré la fanté. Lorfque le Capitaine S.... quitta l'*Amérique*, la jeune héroïne venoit de donner le jour au premier fruit de fes chaftes ardeurs : il n'avoit vécu que peu de jours ; & comme le Major étoit malade, faute de provifions fraiches, fon angélique moitié l'allaitoit de fon lait : voilà des leçons qu'on ne peut trop fouvent remettre fous les yeux des hommes pour leur apprendre à connoître le vrai bonheur, & à le distinguer de cette dissipation qui ne laisse dans l'existence que le vuide & le repentir.

On a mandé de *Rouen*, un événement horrible. Un jeune homme de mœurs très-réglées, étoit aimé d'une Demoiselle dont les parens étoient opiniâtrément résolus de lui refuser la main. Parvenue à l'âge où la loi permet de forcer le consentement des peres & meres déraisonnables, elle l'avoit épousé contre leur volonté. Depuis trois années les jeunes époux goûtoient les douceurs d'une union bien assortie. Il manquoit à leur bonheur d'être reconciliés avec ces parens barbares : ils font des démarches pour y parvenir, & obtiennent un rendez-vous avec la mere. Celle-ci leur peint sous les plus vives couleurs, la colere de son mari & propose de conduire à ses pieds la fille seule, pour tâcher de le fléchir, tandis que le gendre retourneroit chez lui pour y attendre que le pardon fût obtenu & se présenter ensuite. Il y avoit quelques lieues de distance d'une habitation à l'autre. La jeune femme trouva les bras de son pere prêts à se rouvrir; elle envoye sur le champ un exprès pour en avertir son mari & le faire venir. L'exprès revient sans avoir pu remplir sa commission & rapporte que depuis que le jeune époux étoit parti avec sa femme on ne l'avoit pas revu. On fait des recherches inutiles ; enfin la mere déclare d'elle-même *qu'elle l'avoit fait assassiner à tel endroit, par un homme à qui elle avoit promis & donné cent écus lorsqu'elle fut certaine de l'exécution de son affreux assassinat, qu'elle s'étoit portée à cet excès de cruauté par haine, &c.* Le mari de cet abominable femme n'étoit point complice du crime. La coupable a subi sa juste punition.

Les particuliers tirent par-ci par-là quelques douces vengeances des atteintes que leurs fronts reçoivent souvent de la part des Grands. Le *Pr.... De....* a trouvé un jour le Chev. de *L.....* dans une place qu'il croyoit avoir le droit exclusif d'occuper : au moins avoit-il fait des dépenses énormes pour se l'assurer. Mlle. *Gavaudan* aussi sensible à l'agréable tournure du Capitaine qu'aux hommages éclatans du vieux Général, partageoit également ses faveurs entre eux. Le *Pr.* s'est retiré discrétement & a envoyé 500 louis avec le congé. C'est agir noblement.

Un Artiste de quelque réputation, un Sculpteur de l'académie royale M. *D'H...z*, prenoit plaisir depuis une vingtaine d'années à mettre les petites filles du quartier dans la route du libertinage. De toutes les brillantes Demoiselles qui parcourent si régulièrement le soir la rue *S. Honoré*, il y en a un quart de sa façon, c'est-à-dire qu'il les a engagées dans ce beau métier-là en les débauchant. Un enfant de dix à douze ans avoit passé comme tant d'autres par ses mains impures. Mais il s'est trouvé que la mere, quoique pauvre, est une femme d'honneur. Cette femme emportée par la rage, prend un pistolet, monte chez le S. *D'H....* Il étoit seul dans ce moment : il ouvre lui-même ; cette mere furieuse tire son coup de pistolet sur lui. On ne sait quel mouvement de bras fit aller le coup un peu en l'air : mais le sculpteur en eut la joue & un œil emportés. Alors cette femme laissa tomber son pistolet & s'en retourna fort tranquillement. On ne sait ce qu'elle est devenue. On pense que si on la retrouve, elle aura facilement sa grace. L'on dit aussi que la blessure du S. *D'H...* n'est pas mortelle : mais il est certain qu'il conservera le reste de sa vie la marque de cette punition aussi terrible que méritée. Ce sculpteur âgé de plus de cinquante ans, étoit un assez bel homme : il sera désormais un vilain borgne ; nous verrons s'il travaillera à perdre son autre œil.

Il s'est passé, il y a quelque temps, une aventure assez gaie à *S. Ouen*. Une troupe nombreuse de paysans étoit occupée à fouler le raisin, & cet agréable travail les avoit retenus bien avant dans la nuit. Nos gens ne s'étoient épargné ni le vin vieux ni le vin nouveau ; & de tous leurs divertissemens il étoit résulté qu'à minuit, ils étoient presque tous dans une ivresse complette : mais, dit l'un d'eux, tandis que nous sommes ici à nous amuser, que font nos femmes ? ma foi, répond un autre, je m'embarrasse de ce que fait la mienne, comme de cette pelure de raisin, & cela est si vrai que si quelqu'un de vous veut mes clefs, je vais les lui donner, & il en fera tout ce qu'il lui plaira. Un paysan assez trapu & beaucoup moins ivre que les autres accepte la proposition. Tiens, lui dit le commode mari, voilà le passe-partout d'en bas, voilà ensuite la clef de la chambre : arrange-toi comme tu le voudras. Notre galant part, arrive à la grande porte, essaie son passe-partout & trouve qu'il ouvre sans difficulté. Il monte, ouvre aussi très-facilement la porte de la

chambre

chambre où la commere étoit couchée & endormie. Il ne fait ni bruit ni façons; il se déshabille le plus doucement du monde & se glisse au lit. Bientôt il se met en devoir de remplir les fonctions conjugales : on le reçoit très-humblement : il ne souffle pas le mot. Un quart d'heure après, il veut recommencer : *Ah! Ah!* dit la femme, *tu es bien gai aujourd'hui, Pierrot!* cette seconde entreprise réussit comme la premiere. Mais notre verd galant ne tarda pas à faire une troisieme tentative : *Ah! chien*, s'écrie alors la femme en colere, *tu n'es pas Pierrot*, & dans le moment, elle tire les rideaux & fait tomber sur lui une grêle subite de soufflets & de coups de poings. Notre homme se débarrasse comme il peut, prend bien vîte ses hardes, gagne la porte qu'il ferme sur lui, s'habille sur l'escalier & retourne conter son aventure à l'assemblée des vendangeurs. Mais le mari avoit cuvé son vin, il n'entendoit plus raillerie. Il fit le lendemain un procès criminel à son ami. Ce procès a été jugé d'une maniere expéditive, comme cela se pratique au village. Il s'en est ensuivi un appel. Les Juges ont cru que cette singuliere cause pouvoit divertir nos jeunes Princes & même nos jeunes Princesses. On ne parle que de cette histoire & à la Cour & à Paris. Une femme devant laquelle on venoit de la raconter, observa que la paysanne avoit été bien dupe, & qu'à sa place elle n'auroit jamais fait semblant de s'appercevoir de rien. Cela prouve bien, Madame, lui répondit-on, que les femmes du village n'ont pas tant d'esprit que celles de la ville.

Le Mardi gras de l'année 1783, un Arlequin faisoit le facétieux sur le Pont-neuf avec une souris qu'il tenoit attachée à un fil & s'avisa de la poser sur le col d'une Dame qui passoit. Soit mal-adresse, soit malice, l'animal se glissa dans le sein de cette Dame, qui étoit enceinte, ce qui lui causa une telle révolution qu'elle tomba sans connoissance. L'impudent Arlequin osant recourir après son animal, alloit porter sa main sur cette Dame, lorsque le Cavalier qui l'accompagnoit, outré de sa téméraire effronterie, lui passa son épée au travers du corps & l'étendit sur la place. La garde accourt, s'instruit du fait, & se montre assez raisonnable pour n'exiger du Cavalier, que sa parole d'honneur de se représenter toutes fois & quantes, & le laissa donner ses soins à la Dame. La leçon étoit dure & violente; mais il est des cas où l'homme le plus circonspect & le plus humain peut porter jusques-là son indignation.

Une aventure vraiment atroce, vraiment digne de toute la sévérité des loix, est celle qui vient d'arriver à *Marseille*. Une jeune Dame, mariée depuis peu de temps au fils de M. de *Br..*, étoit en discussion d'intérêt avec son beau-frere. L'affaire pendante aux tribunaux, n'annonçoit pas une issue favorable à M. de *Br..* Un soir, à la sortie du spectacle, un homme masqué se présente à la chaise de cette Dame, ordonne à ses porteurs d'arrêter, lui lâche aussi-tôt dans la cervelle, un coup de pistolet chargé de cinq balles & disparoît. La Justice informée de cet horrible meurtre, ne savoit sur qui jetter les premiers soupçons; le Public les fit naître sur quelques propos qui y transpirerent, on crut devoir s'assurer de M. de *Br....*, & en conséquence on le fit arrêter, mais soit qu'il se soit fait à lui-même justice, soit qu'il n'ait point voulu survivre à l'infamie d'une imputation aussi odieuse, il s'est coupé la gorge dès le premier jour de sa détention. Cette circonstance ayant accru les rumeurs publiques, le fils a été tellement inculpé lui-même, qu'on alloit s'emparer aussi de sa personne, s'il n'eût pris les devans par sa fuite, ce qui le fait regarder comme complice de ce révoltant attentat. On trouve quelques raisons de pardonner aux fureurs de l'amour ou de la vengeance; mais du vil intérêt ! Oh, il n'en peut être aux yeux de l'homme de bien.

Le jour de la *S. Martin*, un jeune Robin jouoit au *Reversi* dans une maison d'ami & à un prix très-modéré. La fortune lui avoit été constamment contraire. Le *Quinola* lui ayant été gorgé pour la vingtieme fois, il se leve avec quelqu'apparence de dépit, charge un spectateur de tenir son jeu & sort. On s'inquiete de ne le pas voir revenir, on sonne; un laquais rapporte que sur sa demande on lui a remis la clef du cabinet d'aisance, un marteau & un grand clou avec lesquels il a disparu. Dans l'instant le bruit d'un pistolet se fait entendre : tout le monde s'empresse de courir au cabinet secret. La porte en s'ouvrant laisse voir le joueur assis avec un pistolet dans la main, & la tête penchée sur la poitrine. Un grand soupir annonce qu'il n'a pas encore perdu la vie. On veut le secourir. Laissez-moi, dit-il; laissez ma rage s'assouvir, & ne m'arrachez pas au spectacle qui peut seul la justifier.... En disant ces mots il montre le *Quinola* qu'il avoit cloué au mur. On frémissoit d'horreur, & on ne pouvoit se refuser à la pitié qu'inspiroit un tel délire. Je suis vengé, ajoute le malheureux Robin, j'ai brûlé la cervelle à *Quinola*.... On y regarde, on voit en effet la tête du pauvre *Quinola* emportée d'une balle qui avoit percé la carte : on ne savoit que penser. Le joueur se releve brusquement, faisant des éclats de rire, & rappelle les esprits des Dames avec l'*Alkali volatil*. La scene entiérement changée fit bientôt succéder la joie aux frayeurs qui paroissoient les mieux fondés.

Un jeune Officier gascon obtint un jour, un charmant tête à tête, à souper & la plus belle nuit du monde, sous la promesse d'envoyer le lendemain matin une jolie *Polonoise*. La Belle dormoit encore lorsque le galant dont la générosité s'étoit éteinte avec son amour, s'habilla en regrettant fort son engagement indiscret & rêvant aux moyens de retirer sa parole sans écorner les minces revenus de sa *légitime*. Il part enveloppé dans son vaste manteau. Une heure après, la Demoiselle reçoit un gros paquet avec un billet de lui, renfermant les plus tendres remerciemens & un brillant étalage de son empressement à remplir sa promesse. Un ample pour-boire récompense le porteur, on brise avec une impatience indomptable, mille nœuds qui receloient le charmant cadeau dont on brûloit de jouir. Jugez du dépit, de la fureur dont on est transporté: c'étoit en effet une jolie Polonoise, mais celle même que la Belle abusée avoit portée la veille & que l'ingrat gascon avoit emportée sous son manteau en s'éloignant du temple des plaisirs.

Quatre filoux ayant su qu'un homme riche qui demeure au Fauxbourg S. Antoine, étoit absent depuis long-temps, & qu'il n'entretenoit aucune relation avec les personnes de sa maison, se sont imaginés de forger son extrait-mortuaire. L'un d'eux s'est costumé en Commissaire, le second en clerc & les deux autres en héritiers de Province; déguisés ainsi, ils se sont transportés au domicile du mort-vivant, & ont produit leur faux titre au propriétaire de la maison, lequel, après avoir témoigné beaucoup de regrets de la perte de son locataire, leur a ouvert toutes les portes & les a installés dans l'appartement du soi-disant défunt. Prendre possession, s'en réjouir & faire des ballots, fut pour eux l'affaire d'un inftant : cette vivacité imprudente leur fut fatale. Quelqu'un qui étoit dans un appartement voifin, s'apperçut de leur manege & fit part de fes foupçons. On va chez le Commiffaire du quartier, qui accourt, & qui fort fcandalifé de voir la robe refpectable de fon miniftere profanée par un faux confrere, l'a inhumainement envoyé au Châtelet, ainfi que la féquelle de clercs & d'héritiers; ils iront probablement de-là faire le voyage & le retour de *Marfeille* à *Toulon*, & de *Toulon* à *Marfeille*.

Dans le nombre de nos Impures, il en eft entr'autres, deux fort bêtes & fort infolentes, qu'on vient de *miftifier* très-plaifamment. On leur a perfuadé que le Grand-Seigneur avoit envoyé ici un Emiffaire, faire recrue pour le Sérail & qu'elles pouvoient fe mettre fur les rangs. Il étoit queftion d'une fortune confidérable après trois ans de fervice, terme de l'engagement. Les deux Belles, (*Dumoulin* & *Viriville*,) furent très-exactes au rendez-vous qu'on leur affigna pour convenir des faits. *Huffon* & *Dugazon*, les deux farceurs les plus renommés de la Capitale, s'y trouverent, l'un comme *Boftangi*, l'autre comme l'*Essayeur* de Sa Hauteſſe. On peut penſer qu'il y eut auſſi un bon nombre d'*Essayeurs en ſecond*. Enfin après avoir rempli toutes les formalités convenables, on congédia les deux Demoiſelles, en excitant de plus en plus leur amour-propre & leur cupidité par le tableau du plus brillant avenir. Elles ne furent détrompées que le lendemain à la promenade du matin dans le jardin du Palais Royal, par les huées de leurs camarades & les railleries ameres de tous nos jeunes gens qu'on n'avoit pas manqué de mettre dans la confidence.

C'eſt un grand plaiſir, une jouiſſance délicieuſe pour nos *Roués*, de voir nos *Intrigantes* abandonnées, trahies & jouées inhumainement par quelques-uns des charmans proſélites qu'ils font tous les jours. Le nombre s'en eſt multiplié juſqu'au fond de nos Provinces. Auſſi, ſans les *Etrangers* que feroient, que deviendroient nos femmes? L'une des plus célebres eſt dans ce moment-ci aux abois, & qui pis eſt, expoſée aux perſifflages, aux quolibets & aux ricanemens de nos *Eventés*. M. *Hugues* négociant de *Marſeille*, ſe paſſionna très-vivement, il y a quelques mois, pour les appas de Mlle. *Menard*, & voulut tout sacrifier pour l'*avoir*. (Ce mot est technique dans le monde.) Les billets au porteur étant en bon nombre dans son portefeuille, lui rendirent cette négociation amoureuse bien plus prompte, que ne l'eussent fait les plus tendres billets doux : il s'en servit pour enflammer sa *Beauté*. Quel éloquent langage ! comment y résister ? Le Provençal fut appellé, caressé dès sa premiere déclaration, & de ce moment, il fut ce que nous nommons vulgairement, le *Mylord pot-au-feu* du logis. Bientôt la Belle devint enceinte. Sur ces entrefaites, des affaires survenues ou concertées ayant obligé M. *Hugues* de se rendre à *Marseille*, il recommanda tendrement à sa *Dulcinée*, de ménager l'objet & le fruit de ses amours, & lui fit la promesse de 60,000 livres si elle accouchoit d'un garçon. On conçoit facilement toutes les protestations que fit la Demoiselle. Les simagrées d'usage ne furent pas épargnées, ni les sermens oubliés. Enfin le terme arriva, & Mlle. *Menard* mit au monde, non un seul petit garçon, mais *deux* bien conditionnés. Ravie de l'aventure, elle se hâte d'en faire instruire son généreux *Provençal*, & lui représente que sa tendresse & ses largesses doivent accroître en proportion de ses peines & de sa création ; qu'en conséquence elle réclamoit le double de ses promesses; mais l'absence, qui est le plus grand ennemi des jolies femmes, avoit calmé sans doute l'imagination de M. *Hugues*, car il lui a répondu qu'effectivement il lui avoit promis 60,000 liv. pour un enfant, mais que son engagement devenoit *nul*, puisqu'elle en avoit deux. La Dlle. *Menard* peu satisfaite de cette logique commerçante, voulut avoir 120,000 l. & menaça son ingrat adorateur, de l'attaquer en justice, s'il persistoit dans son refus. Comme les mauvaises langues assurent que Messire *Caron de Beaumarchais* étoit l'amant furtif de cette *Laïs*, lorsqu'elle appartenoit au Duc de *Ch.....*, on ajoute plaisamment, que par reconnoissance, il fabriquera ses *mémoires* en cas de poursuite; ce que desirent nos oisifs & nos amateurs.

Il est arrivé une aventure du même genre à cette jolie Actrice des Italiens, qui fut, il y a quelque temps, soupçonnée d'avoir voulu empoisonner sa sœur. Mlle. *Du Fayel* vivoit depuis six mois avec M. de *Senn....re*, & en fille sage & prévoyante, elle s'étoit fait donner par cet amant fortement épris, deux contrats de 80,000 liv. chacun, ce qui lui mettoit tout d'un coup 160,000 liv. dans son porte-feuille. La famille de M. de S.... en ayant été informée, en a porté des plaintes au Roi, qui a exilé la Demoiselle, pour avoir abusé de la foiblesse d'un jeune homme aveugle. Avant de partir, elle a été obligée de rendre les contrats entre les mains de M. le Lieutenant de *Police*: mais il lui a été laissé 24,000 liv. afin *qu'elle n'ait pas perdu ses six mois avec M. de S....*

Le Marquis de L.... épris des charmes de Mlle. *Fermel*, alla un jour chez elle & la pria sans fadeurs de lui accorder une nuit. On devine que Mlle. *Fermel* est trop polie pour refuser un joli Seigneur. Elle y mit toutefois une condition, & demanda un collier de *Chatons* dont elle avoit besoin. C'eût été peu de chose pour un Partisan: mais c'étoit beaucoup pour un Marquis françois plus accoutumé à payer de sa personne que de sa bourse: cependant avec beaucoup d'esprit & peu de délicatesse on se tire aisément de tout. — Quoi n'est-ce que cela, mon ange? Oh! rien n'est plus juste: mais pour le moment cela n'est pas possible; si vous le trouvez bon, je vais vous en faire mon billet..... vîte de l'encre, du papier, on écrit & on couche.

Le Marquis de retour à son hôtel, envoie chercher tous les petits-chats du quartier, les entrelace avec des faveurs *couleur de rose* & fait ainsi un collier de *chatons* admirable. On les met dans un joli panier garni de gaze en dedans, & farci de rubans bleus au dehors : on porte ensuite le tout à Mlle. *Fermel*, qui charmée de l'élégance extérieure du cadeau, remet au porteur le billet du Marquis. Qu'il est galant, disoit-elle en défaisant la multitude des nœuds qui fermoient le panier ! elle leve la gaze, & les fureurs de l'avarice trompée succédant au sourire de l'intérêt satisfait, elle charge le Marquis d'imprécations soldatesques, & va se plaindre au Doyen des Maréchaux de France. Le billet explique-t-il de quoi sera le collier ? lui demanda le vieux Juge du point d'honneur, d'un air goguenard. Non, Monseigneur, répondit la Nymphe plaignante. Tant pis, Mademoiselle, car en ce cas le Marquis a rempli sa parole & je suis votre serviteur.

La femme d'un Conseiller au Parlement très-connue par sa pruderie étant allée à *Versailles*, descendit à l'hôtel du *Juste*, où logeoit par hasard le Marquis de *N....* En croyant entrer chez lui, il fut à l'appartement de cette jeune femme, qui se trouvoit seule & sans lumiere. Mad. *De...* crut que c'étoit son époux & s'avança pour le recevoir. *N....* s'apperçut de la méprise, & sut en profiter. Il fit le mari & le fit si bien que la prude trouva qu'il étoit plus mari dans une heure que l'autre ne l'étoit dans un an. Dans l'enthousiasme d'une vertu si *maritale,* elle voulut *l'embrasser* & rencontra une grosse queue dont M. le Conseiller étoit sans doute privé. -- Ah, coquin, s'écria-t-elle au moment où elle fuyoit de ses mains, vous avez la queue: au secours! le Marquis s'en alla & conta l'aventure à tous ses amis qui le dirent aux leurs : tous parurent le lendemain avec des queues monstrueuses. La pauvre femme ne voyant de tous les côtés que des queues, pensa mourir de honte & partit sur le champ.

Chacun à sa maniere de voir les hommes : les uns rient, les autres pleurent de leurs sottises, & ce contraste donne une pauvre idée de cette raison humaine que nous faisons sonner si haut. Un Gentilhomme retiré du service de *Mars*, s'étoit entiérement donné à celui de *Vénus :* il vivoit, (c'est le mot courant) avec une Courtisanne de cette Capitale, qui lui donnoit l'habit, la table & le lit. Cet ex-militaire que l'état de sa bourse livroit aux expédiens, fréquentoit les tripots pour y faire quelque ressource. Dame fortune est souvent traitresse ; il perdit un jour armes & bagages, c'est-à-dire argent, montre & bijoux. Irrité contre son adversaire, il lui dispute la légitimité de son gain, la querelle s'engage, ils sortent l'un & l'autre, & l'ex-militaire reçoit un grand coup d'épée qui l'étend sur la place. On le met dans un fiacre, & fouette cocher, chez la Dame... Un homme mort ! Qu'en faire ?... on ne peut le donner aux chiens, ils n'en voudroient pas. De jeunes Chirurgiens qui demeuroient dans le voisinage, se présentent & demandent le cadavre. -- Très-volontiers, Messieurs, mais combien ? -- 48 liv. -- C'est trop peu... Le malheureux étoit frais, grand, bien bâti ; nos élèves de *S. Côme* offrent jusqu'à trois louis, & la douce Dame leur livre son mignon. Voilà, mot-à-mot, ce qu'on racontoit dans une société d'hommes & de femmes. On haussoit douloureusement les épaules & on trouvoit l'action de cette femelle atroce, révoltante..... Quel fut l'étonnement des gens honnêtes de lui trouver des partisans, & de voir à la fin tous les rieurs pour elle !... *O mores.*

La Baronne de la *T.. D...* a été enfermée à l'abbaye d**, par ordre du Roi. C'étoit une Chanoinesse de *R....* elle étoit belle comme *Vénus* & séduisante comme les *graces* ; la Grece lui eut élevé des temples comme à l'éleve chérie des *Muses* ; plus tendre que *Psiché* & plus vertueuse que *Minerve*, elle avoit le suffrage de ses compagnes mêmes. Dans un voyage qu'elle fit dans sa province, le Baron de la *T.. D....* la vit : c'est dire qu'il l'aima éperduement, car on n'échappe point aux séductions réunies de l'esprit & du cœur, des talens & de la beauté. Il étoit jeune, aimable, honnête & très-riche ; après avoir obtenu le consentement des proches de Mlle. *D..* il s'adressa à elle-même. Sa réponse fut noble & touchante : Je suis flattée, M. lui dit-elle, des sentimens dont vous m'honorez, mais je peux d'autant moins y répondre, qu'un autre est en possession de ceux que vous seriez en droit d'exiger. C'est le C. *D...* qui les possede : la médiocrité de nos fortunes met obstacle à notre union : mais je l'aime & je sens trop que je n'aimerai jamais que lui. Votre recherche m'a déjà causé bien des chagrins ; je ne résisterai point aux ordres absolus de mon pere, mais songez, M. que mon cœur ne peut suivre le don de ma main & qu'il est tout entier à un autre.

Il semble qu'une déclaration si précise eût dû arrêter la poursuite de l'amoureux Baron, mais si sa raison lui mettoit sous les yeux ce qu'il en avoit à craindre, son amour lui disoit qu'il ne pouvoit vivre sans sa belle Chanoinesse; & comme en pareil cas, la raison est moins pressante que l'amour, il passe outre & l'obtient.

Il eût été digne de Mlle. *D*. de faire au Baron le sacrifice de la passion qui la préoccupoit, si ce sacrifice eût été possible. Toujours les mêmes égards, le même empressement, la même délicatesse dans les témoignages continuels d'un attachement que rien n'a pu altérer. Mais tous ses efforts furent inutiles. Sa femme ensevelie dans une terre, se refusant à toute espece de dissipation, consumée par une mélancolie profonde, toucha bientôt aux portes du tombeau. Le Baron désespéré de la perdre & se reprochant sa mort, prit un parti dont on ne se seroit jamais avisé sans doute. Certain que l'amour qu'elle conservoit pour le Comte *D*... étoit la premiere cause de sa situation alarmante, il lui écrivit & le pria de venir à la *T*.. *D*... la voir & l'engager à prendre soin de ses jours. Le Comte part & arrive, le Baron le reçoit, le préfente à fa femme étonnée, fait mettre les chevaux à fa chaife de pofte & les laiffe feuls.

Voilà un mari bien débonnaire : laiffer fa femme feule avec un amant : & quel amant ? un Capitaine de Dragons, un *Lovelace*, un Roué, un *mangeur de femmes*, dont le premier principe avec elles eft de n'en point avoir. Eh bien, oferoit-on dire qu'on fe trompe, que quand le Comte *D...* auroit eu la façon de penfer que les étrangers imputent fi légérement au militaire françois, la confiance du Baron l'auroit enchaîné. Le Baron ne lui dit qu'un mot en partant. Je vous laiffe, M. le Comte, & votre honneur me répond de votre honnêteté.

Au bout de huit jours, ce mari fi rare revint. On ne parla long-temps que de chofes indifférentes : fur la fin du fouper, le Comte s'adreffa à Mad. la Baronne : il m'eft bien doux, Madame, ne pouvant faire votre bonheur, de le voir confié dans les mains du plus galant homme que je connoiffe. Tous les liens qui nous uniffoient font rompus ; je pars demain & c'eft pour me marier. Un regard de dépit & de fureur fut la réponfe de la Baronne : elle le vit partir fans la moindre apparence de trouble & de regret, & ne parut occupée que du soin de l'oublier. Pour seconder ses dispositions, le Baron lui fit quitter la campagne & la mena à Paris où il rassembla autour d'elle tous les plaisirs & tous les amusemens.

Il faut que le cœur d'une femme soit sans cesse occupé. La Baronne de la *T.. D...* qui jusques-là avoit détesté le jeu, l'aima comme une femme qui n'aime pas autre chose, c'est-à-dire à la fureur. Elle perdit des sommes immenses & le Baron les acquitta sans dire mot. Elle en perdit de nouvelles qu'il paya de même ; mais comme la femme ne se lassoit pas de perdre, le mari se lassa de payer. Or on sait qu'en France comme ailleurs, le monde est plein de Crésus officieux dont la bourse est toujours ouverte aux jolies femmes, lorsque leurs maris ne sont pas d'humeur à satisfaire leurs caprices ; mais comme les services de ces Messieurs ne sont pas trop désintéressés & qu'ils prétendent à certains dédommagemens qu'il n'est pas trop honnête de dire, la reconnoissance de Mad. la Baronne la conduisit à des égaremens si publics & si multipliés qu'ils ont forcé le malheureux Baron à solliciter contre elle l'ordre du Roi qui la relegue à.... où son mari lui fait une pension de 10,000 liv. à laquelle il s'est taxé lui-même.

Adeline Colombe, actrice italienne, après avoir été abandonnée pour *Carline*, par le Duc de *F***, tomba entre les mains d'un Maître des Requêtes que les aventures du tripot, ont déjà rendu célebre. J....... (c'est son nom) veut avoir deux maîtresses & *Adeline* deux amis (c'est le terme d'art.) Un jour, J....... dans un accès de jalousie, cassa toutes les glaces de *Colombe*; *Colombe* alla froidement chez J....... & lui brisa les siennes: en s'en allant, elle écrivit sur une carte:

Ce beau Crystal que j'ai rompu,
   T'a souvent montré un C...

Le lendemain J....... lui fit présent d'un contrat de 2000 écus.

C'est une créature très-plaisante qu'une Danseuse de l'Opéra, nommée *Théodore*. Elle vivoit avec *d'Auberval* dans une intimité romanesque. Le Chevalier de N...... a paru; voilà le ménage brouillé. Ce goût-là n'a duré que six semaines; on aimoit *d'Auberval*; il falloit revenir. *Théodore* est adroite; elle s'est avisée d'écrire à *d'Auberval*.

„ C'est moi; c'est votre infidelle, si je
„ le suis. Tu n'as donc pas remarqué que

» le Chevalier a tous tes traits : mêmes
» yeux, même sourire; il n'a pas ton cœur,
» & je l'ai cru; c'étoit toi que j'adorois
» dans lui; je l'aimois pour t'aimer deux
» fois : reste seul & tu me suffiras. Veux-
» tu me revoir? Ai-je une rivale? Point
» de réponse; je t'attends à souper ou je
» te hais pour la vie. Tu sais que je tiens
» parole. »

(Signé) *Théodore.*

D'*Auberval* a soupé chez elle.

M. *Gil. de Cour*, a rencontré un jour sa chaste épouse dans une promenade nocturne au Palais Royal, faisant ce que de bons bourgeois devroient faire à cette heure-là, chez eux. La pauvre femme qui avoit joué ce jeu-là mille fois, sans pareille malencontre, fut toute stupéfaite, demanda grace, & consentit d'aller au couvent pourvu qu'on lui permît de garder ses cheveux. Le mari est procureur; ces gens-là ont l'ame dure : « Non, Ma-
» dame, lui dit-il, vous serez condamnée
» à la peine de *l'autentique*, dussent les
» cornes me pousser jusqu'au dessus de
» ces arbres : quant à toi, dit-il au com-
» plice, nous aviserons ce que faire il
» conviendra. » Cependant l'affaire a pris

une tournure plus pacifique. Le Procureur *Gil.* aura réfléchi plus mûrement sur le bien qu'une procureuſe jolie & complaiſante fait à une étude.

Un Boulanger de *Goneſſe*, village près de *Paris*, avoit envoyé ſa fille à la ville pour y recevoir 600 liv. Avant ſon départ, elle alla chercher ſon *amoureux* afin qu'il vînt avec elle. Tout alla bien juſqu'à ſon retour, que l'ayant conduite ſur le bord d'une carriere très-profonde qui ſe trouve éloignée de quelques pas du grand chemin, il lui demanda ſes 600 liv. La fille croit qu'il badine, elle refuſe : demande réitérée, refus nouveau : enfin il lui dit que ſi elle ne les donne pas, il la jettera dans la carriere. Après qu'il les eut reçues : ce n'eſt pas tout, lui dit-il, il faut que tu te mettes toute nue. On juge de l'état de cette pauvre fille. Elle eut beau pleurer, prier, ſe mettre à genoux ; il lui fit la même menace. Elle obéit. Elle crut qu'il lui laiſſeroit au moins ſa chemiſe : point du tout. Eh bien, tourne-toi au moins, lui dit-elle, que je ne l'ôte pas devant toi. Le ſot ſe retourne. Alors elle lui applique vigoureuſement ſes deux mains ſur les épaules & le pouſſe lui-même dans la carriere. Il a eu les deux cuiſſes caſſées.

On l'a conduit en prison d'où il ne sortira que pour les avoir encore cassées d'une autre maniere.

Un Orfevre, bijoutier, faiseur d'affaires, homme à tout, hors à l'honneur, avoit épousé une femme riche, jeune & jolie qu'il rendoit malheureuse par sa maniere de se conduire avec elle. Vive, sémillante, elle aimoit le plaisir, & son mari ne lui en procuroit point ; le devoir conjugal a même été corrompu deux fois dans sa source. Tous ces motifs étoient bien propres à éloigner une femme de tout commerce avec un mari & à la jetter dans l'intrigue. Un jeune cœur a besoin d'aliment. Jusque-là on l'excuse. Quelque temps après, son mari fait une banqueroute considérable. Comme il n'étoit alors occupé que d'intérêt, il la laissoit assez souvent à elle-même & se contentoit de faire retomber sur elle les désagrémens qu'il éprouvoit dans l'arrangement de ses affaires & dans la poursuite d'un procès criminel au sujet d'argent travaillé qui n'étoit pas au titre. Sa femme supportoit souvent les plus violens outrages. Il le falloit pour continuer ses intrigues amoureuses. Un jour elle écrivoit à son amant, substitut de la cour des aides, le mari s'en apperçoit, ne fait semblant de rien & fort. La lettre eſt donnée à un commiſſionnaire; le mari la retire de ſes mains en l'intéreſſant un peu. Il revient, maltraite ſa femme & la menace du couvent. Elle apprend qu'il ſe ſert de cette piece pour exécuter ce deſſein qu'il méditoit même auparavant, va conſulter ſon amant & lui confie que ſon mari ſe ſert de faux poinçons. Auſſi-tôt il fut décidé qu'on le dénonceroit. La femme ſans réfléchir aux ſuites, étant arrivée chez elle, fait avertir les gardes-jurés de la monnoie, après leur avoir écrit que ſon mari avoit des faux poinçons qu'on trouveroit dans un endroit qu'elle leur déſignoit. On vient chez lui, on viſite, on trouve les poinçons. Il eſt conduit en priſon. Il n'y eſt pas plutôt qu'on apperçoit le danger qui pouvoit en réſulter pour la femme, le déshonneur pour lui & par conſéquent pour elle auſſi. Comme elle eſt jolie, on eſpere que ſon ſort intéreſſera & on devine le prix qu'on mettra à la grace. Pour elle, on ne doute pas qu'elle n'y conſente, pourvu qu'elle ne voie plus ſon mari en ce monde. Elle eſpere obtenir ſa grace & un ordre qui le renfermera pour le reſte de ſes jours. On eſt d'autant plus porté à le croire que les choſes en ſont reſtées là & que la procédure va très-lentement. Cela n'est pas difficile à imaginer, puisqu'elle étoit l'amante d'un des premiers de ses juges & de ses rapporteurs, & qu'il a un porte-feuille bien garni, qu'on a refusé de rendre au mari, *parce qu'il faut que la femme retrouve son bien.*

Un M. Ger.... avoit épousé une Demoiselle, boiteuse, mais qui lui avoit fait une donation de 100,000 liv. & apporté une dot d'autant, sans ses espérances. Avant le mariage, il ne cessoit de dire à ses amis, qu'il n'en vouloit & qu'il ne l'épousoit que pour ses écus. Après & au repas de noces il ne cessoit de la tourner en ridicule & de la railler sur sa taille. A minuit, quand on le pressa de se retirer, il répond : *Allons, il faut encore faire ce sacrifice.* Le lendemain matin la mere de la mariée apperçoit un matelas tout mouillé, que sa fille mettoit sécher au soleil. Elle lui en demanda la raison. -- C'est lui. -- Qui lui ? -- Eh, le mari que vous m'avez donné. -- Que veux-tu dire ?... La jeune personne honteuse n'ose avouer ce qui s'est passé. ---- Osera-t-on le dire ?.. Il avoit pissé sur elle au lieu de....... C'étoit assez pour elle, lui avoit-il dit ? En l'amenant de *Clermont* en Beauvoisis à *Villefranche*, c'est-à-dire, de chez elle chez lui, il la force de descendre de voiture par des propos indécens & outrageans. Il ne cesse de l'appeller *puante, laide, guenon*. A l'entrée de la ville, il se couvre le visage de son mouchoir, afin qu'on ne voie pas que c'est lui. En public, dans les sociétés, il appelle sa femme *puante, laide, guenon*, & dit *qu'il ne l'a épousée que pour son bien*; ces propos, il les tient en présence de sa femme. On avouera que ce mépris est extrême. On n'y tient pas; sa famille l'a sollicitée de se séparer de lui. Elle a plaidé, gagné sa cause, & la donation a été déclarée nulle. Selon plusieurs personnes, le mari n'est pas assez puni. Si toutes les demandes en séparation étoient aussi justes que l'est celle-ci, leurs morales seroient inutiles. Mais pour une demande légitime, il y en a dix d'hasardées, & si l'on osoit le dire, tout autant de mal jugées. On ne peut trop répéter ce fait, pour couvrir de honte un homme indigne de vivre dans une société honnête, & capable de pareils procédés. M. *Martineau* a défendu la cause de la femme.

Un Plaisant de la Cour s'est beaucoup amusé à une procession des Cordons bleus, aux dépens d'un Provincial qu'il faut supposer bien crédule. Il apperçut cet homme dans la foule & le reconnut à son admiration stupide, pour une victime du ridicule. Il s'en approcha. --- Monsieur ne connoît pas Versailles, à ce qu'il me paroît ? -- *Le Provincial :* Non, Monsieur. -- *Le Plaisant* : Et par conséquent la Cour ? -- *Le Provincial.* Pas davantage. Ayez la bonté, Monsieur, de me dire quel est ce vieux Seigneur qui marche encore si droit? (c'étoit le vieux *Richelieu.*) --- *Le Plaisant :* c'est le Vicomte de *Turenne.* -- *Le Provincial :* Je le croyois mort. -- *Le Plaisant :* On le croit, en Province. -- *Le Provincial :* Et ce vieux Cardinal ? -- *Le Plaisant :* *Mazarin*, qu'on a dit mort aussi, pour des raisons que je vous raconterai. -- *Le Provincial :* Et cette Dame si cassée. (c'étoit la vieille *Bassompierre.*) -- *Le Plaisant :* Celle-là est la feue Reine.... On a conté cette scene au Roi qui s'en est singuliérement amusé.

Un Menuisier alla trouver un jour M. *le Rey de Chaumont*, hôte glorieux du Ministre des Américains, « Monsieur, » je suis du sang de *Franklin* ; je veux » être reconnu, tâchez qu'il soit mon pa- » rent. -- Avez-vous des titres ? lui dit » M. *de Chaumont.* -- Oui, Monsieur, » voilà mes papiers. » Le Financier y jette un coup d'œil & voit que le nom du menuisier s'écrivoit *Franquelin*. « Monsieur, » lui dit-il, quand avec votre Q, vous » pourrez faire un K, vos papiers vous » serviront. »

Un Abbé libertin de profession, très-constant compagnon de plaisir du Marquis de *V.* s'avisa un jour de vouloir rire aux dépens de quatre *drôlesses* qui étoient à la suite de la légion de la *Gourdan*, & à qui il en vouloit. En arrivant au Vauxhall, il s'entendit aisément avec des *Roués* de la bonne classe, de sa connoissance, pour répandre le bruit que le Marquis étoit de retour de la veille (de sa terre) & qu'il étoit dans le Vauxhall. Voilà nos filles *en l'air*, qui demandent s'il a ramené sa femme -- *Non, elle est restée là bas.* -- *Bon!* (la bonne bourde!) Enfin l'Abbé dit aux quatre élues, qui sont *des plus dans le genre*, que le Marquis l'a chargé de les inviter à souper. (C'étoit l'ordinaire, tous les jours de Vauxhall, avant le mariage de ce Marquis.) Ainsi, leur dit-il, après le vauxhall, vous monterez dans vos voitures, & vous vous y rendrez.... La *Urbain*, la petite *Beze*, la *Chouchou*, toutes coquines de la même force, y sont bientôt montées; & fouette cocher, (elles indiquent peu exactement.) Les chevaux les emportent, & la voiture s'arrête à l'hôtel du Marquis de *N*. Les valets frappent ; on ouvre. Les femmes (filles) demandent tout uniment au suisse : le Marquis y est-il ? --- Oui, Mesdames, (peu accoutumé à ces sortes de visites, il les prenoit pour des femmes de qualité qu'on attendoit à souper.) Elles montent comme des folles, traversant les appartemens en chantant à haute voix : *De l'amour tout subit les loix* ; & arrivées au salon donnent, en criant, *Eh Marquis*, un grand coup de pied dans la porte qui s'ouvre, & qui laisse voir à une compagnie très-honorable & très-nombreuse, une groupe de quatre coquines qui s'appercevant bientôt de la méprise, restent sottes comme des paniers. *Mille pardons, Messieurs, Mesdames*, d'une voix entre-coupée ; *nous croyions être chez le Marquis de* V. La Marquise de *N*. ne savoit, comme dit le proverbe, à quelle sauce manger le poisson, parce que son mari affectoit de les combler d'honnêtetés, pour jouir encore mieux de leur embarras. Enfin elles prennent le parti de se congédier elles-mêmes, & retournent chacune chez elles, l'estomac vuide & le cœur gros. Cette aventure qui se répandit le lendemain, fit beaucoup rire,

Mais l'Abbé n'ose plus retourner au vauxhall, où les quatre fripponnes ont comploté de lui arracher les yeux.

Le vieux proverbe, *la corde ne perd jamais ses droits*, devroit être sans cesse devant les yeux de tout homme, tenté de commettre un mauvais coup : car, en effet, il en est peu dont l'autenticité soit établie par des témoignages aussi frappans & plus multipliés. Un particulier de la rue *S. André des arts*, vient d'en donner un nouvel & triste exemple. Il avoit fait, il y a quelques années, un vol, avec un camarade. Depuis ce temps il s'étoit marié & avoit formé l'établissement d'un petit commerce. Il se croyoit tranquille, & se livroit à l'espérance de se souftraire au supplice attaché à sa faute; mais la fatalité le tenoit à son fil, & bientôt il devoit en être la victime. Son complice, ayant fait un retour sur lui-même, trouvoit dans sa conscience un reproche perpétuel. Il eut recours aux avis d'un Prêtre, auquel il se confessa : son conseil fut le seul qu'il put donner, celui de la *restitution*; mais il n'étoit point assez riche pour s'en acquitter seul ; il fallut donc engager son camarade à y contribuer au prorata de sa portion, ce qu'il refusa. D'après une telle tentative, il lui déclara qu'il ne pourroit s'empêcher de le faire connoître s'il persistoit à conserver son vol. Cette menace produisit un terrible effet dans l'esprit de son ancien camarade ; ce fut la résolution d'assassiner un homme qui pouvoit le perdre. La veille de la Pentecôte, il se rendit chez lui, & l'assomma à coups de hache. Le malheureux survécut à ses blessures ; & fut transporté à l'hôtel-Dieu. L'autre s'engagea dans les Dragons, & fut aussitôt rejoindre son régiment à *Valenciennes*. On ignoroit le lieu de sa retraite, mais l'imprudence de sa femme le décéla bientôt, en laissant appercevoir à des *mouchards* qui l'entouroient sans cesse, le timbre d'une lettre qu'elle avoit reçue de son mari. Son procès étant d'avance instruit, il n'est resté que quarante-huit heures en prison, d'où il est sorti pour être rompu vif. L'autre étoit mort la veille du supplice.

Un grand Seigneur s'étoit entretenu dans un souper chez lui, des assassinats que les ennemis de M. *Le Noir* prétendoient fréquens dans Paris & avoit dit des choses fort vives sur la négligence prétendue du Lieutenant de Police. M. *Le Noir* le fit prier le lendemain de passer chez lui & lui répéta les propos qu'il avoit tenus la veille. Le Seigneur étonné ne pouvoit concevoir comment le Magistrat en avoit pu être informé. *Vous voyez*, lui dit M. Le Noir, *qu'on vous a trompé & que la Police n'est pas si mal faite qu'on vous l'a dit.* Il est arrivé de-là que ce Seigneur dit partout le plus grand bien du Lieutenant de Police.

Un bel esprit, plus connu par sa mordante causticité que par l'excellence de ses talens, le sieur *Palissot*, avoit fait contre l'Abbé de *Voisenon* une satyre pleine de fiel. Avant de la livrer à l'impression, il vouloit savoir ce qu'en penseroit l'Abbé de *Voisenon* lui-même & juger de l'effet qu'elle produiroit sur lui. Il alla voir un jour l'Abbé & lui dit, du ton le plus patelin & le plus hypocrite, qu'il y avoit de bien méchantes gens dans le monde, qu'il venoit de lui tomber entre les mains une satyre atroce, qu'il en ignoroit l'auteur & que, quoiqu'on eut laissé en blanc le nom de celui contre qui elle étoit faite, il s'y trouvoit des traits qui paroissoient porter directement sur l'Abbé. Je vous dirai plus, ajoute-t-il ; comme on ignore sans doute notre liaison, on a voulu avant de la faire imprimer, la soumettre à ma critique. Sans se le faire demander, l'homme caustique tire l'écrit de sa poche & lit effrontément des vers où les mœurs de l'Abbé n'étoient pas plus ménagées que son esprit : il ne lui fit pas grace d'un vers, appuyant avec complaisance sur ce qu'il y avoit de plus fort. L'Abbé de *Voisenon* l'écouta tranquillement jusqu'à la fin. Après la lecture, l'Abbé reprit l'ouvrage, fit l'éloge des meilleurs vers, critiqua quelques expressions & dit au Poëte : voulez-vous me permettre d'y faire quelques corrections ? le Poëte crut que tout au moins l'Abbé alloit jetter le papier au feu : mais celui-ci s'approche de son bureau, corrige une douzaine de vers, remplit le blanc de son nom ; & toujours avec le même flegme, en rendant la satyre à l'auteur qui ne se doutoit point que l'Abbé l'eût reconnu : à présent, mon ami, dit-il, je crois que vous pouvez faire imprimer cet ouvrage ; il y avoit quelques incorrections qui auroient pu lui faire tort ; il est rempli de sel & d'esprit, & je crois qu'il sera favorablement reçu du public. Le Poëte fut si frappé de ce sang froid qu'il déchira son écrit, le brûla, embrassa l'Abbé, & lui protesta qu'il étoit guéri pour toujours de la démangeaison de faire des satyres. On sait comme depuis il a tenu parole.

Un certain Abbé *Paris* auquel le Marquis de *Prie* avoit accordé la plus grande confiance pour ses affaires pécuniaires, a disparu. Cet Abbé avoit fait une spéculation assez bien combinée, mais qui a été déconcertée par la demande imprévue qu'on lui a faite de ses comptes. Il avoit placé en rentes viageres sur sa tête, une somme de cinquante mille écus, des deniers de M. le Marquis de *Prie* & avec les arrérages de ces rentes il éteignoit des dettes de son commettant, en composant avec les créanciers, à moitié ou deux tiers de perte, & en se faisant donner quittance du capital. Par ce moyen si on l'avoit laissé faire, il se seroit acquitté en deux ou trois ans; malheureusement le secret de ces opérations a été éventé; l'Abbé a été décrété & a pris la fuite. Il faudra toujours en venir à lui pardonner ou du moins à convenir avec lui, car sans doute il ne sera pas aisé sans cela, d'avoir de lui des certificats de vie, & ses rentes viageres sont la plus sûre ressource de ses créanciers.

Une Dame vient un jour demander à Mlle. *Bertin*, marchande de modes de la Reine, plusieurs bonnets pour les envoyer en Province. La marchande couchée sur une chaise longue dans un *Caraco* élégant, daigne à peine saluer la Dame par une très-légere inclination de tête. Elle sonne: une jeune nymphe charmante qu'on nomme Mlle. *Adélaïde*, se présente. *Donnez à Ma dame*, dit Mlle. Bertin, *des bonnets d'un mois*. La Dame lui représente qu'on en voudroit de plus nouveaux. *Cela n'est pas possible, Madame*, reprend la marchande; *dans mon dernier travail avec la Reine, nous avons arrêté que les plus modernes ne paroîtroient pas avant huit jours*. Depuis ce temps, on n'appelle plus la Dlle. *Bertin* que le Ministre des modes.

Il est défendu en Angleterre d'ensevelir aucun cadavre que des hommes de l'art ne le visitent & ne certifient que le fer ou le poison n'a point abrégé ses jours: voici l'anecdote qui a donné lieu à ce réglement.

Une belle Marchande de Londres avoit pris successivement six maris. Le premier par obéissance pour ses parens; les cinq autres par son propre choix. Un Anglois fut assez hardi pour l'épouser en septiemes noces. Les premiers mois de leur nouveau mariage n'eut rien que d'agréable. Un amour excessif rend aisément une femme indiscrete: celle-ci faisoit dans les bras de son septieme époux, la satyre des six qui l'avoient précédé ; ils lui avoient déplu, disoit-elle, par leur ivrognerie ou par leurs infidélités ; & jamais elle ne les avoit pleurés ou regrettés sincérement. Le mari curieux d'apprendre le caractere de son amoureuse moitié, affecte de s'absenter souvent & de paroître ivre toutes les fois qu'il rentroit tard chez lui. D'abord on ne lui fit que des reproches : mais bientôt les menaces succéderent aux représentations ; il continua son train, & feignit d'être encore plus adonné au vin. Un soir qu'elle le crut ivre mort & bien endormi, elle détacha un plomb de la manche de sa robe, le fit fondre & s'approcha du faux dormeur pour lui verser dans l'oreille, à l'aide d'une pipe, le métal en fusion. Le mari, ne doutant plus de la scélératesse de cette femme, l'arrêta, cria au secours & fit venir la justice. La criminelle fut mise en prison ; son procès fut instruit. Les cadavres exhumés déposerent contre elle & la firent condamner à mort.

Les maris ne sont pas toujours les malheureuses victimes de l'amour : c'est le résultat qu'on peut tirer d'une petite histoire arrivée à la femme d'un Perruquier. C'étoit dans les derniers momens du ministere de M. de la *Vrilliere*. Cette femme avoit fu obtenir par le crédit de fon amant qui occupoit une place affez confidérable dans l'Eglife, une lettre de cachet contre fon mari. On devoit venir le prendre dans fon lit; l'Infpecteur de Police chargé de l'ordre du Roi, connoiffoit le Perruquier; il l'avertit du coup qu'on lui préparoit. Le mari adroit feint un voyage de deux jours; l'Officier de Police paroît à l'heure indiquée au milieu de la nuit, fait grand bruit à la porte, on lui ouvre, il demande M. un tel; la Dame répond qu'il n'y eft point. -- Oh! il doit y être, reprend l'Infpecteur. Obftination de la part de l'époufe à dire que fon mari n'étoit point à la maifon, obftination de la part de l'Officier à vouloir abfolument qu'il y foit; il fait plus, il joint l'effet aux paroles, il va à la chambre à coucher malgré Madame, ouvre les rideaux du lit. -- Allons, M., levez-vous, c'eft de par le Roi; on ne répondoit point, on apporte de la lumiere, on trouve un homme fort déconcerté qui à la vérité n'étoit pas le mari de la Dame, mais l'objet de fes affections & pour l'amour duquel on vouloit fe défaire du mari. On le faifit, il a beau dire qu'il n'eft pas M. un tel, qu'on fe méprend. -- Il n'eft pas poffible, Monfieur, l'impofture est trop grossiere, Madame est d'une vertu qui nous répond que ce ne peut être que son mari qui partage sa couche. Malgré les représentations & les cris des deux amans, on conduit en prison le prétendu Perruquier qu'on avoit de force revêtu de l'habit de poudre de l'homme dont il tenoit la place; on peut juger qui dut rire; ce fut le véritable Amphitrion, le pauvre mari qui par ce moyen fut vengé, & de sa femme & de son rival. Le détenu confessa ensuite son aventure & obtint sa liberté après quelques mois de prison.

On a renouvellé, il y a quelque temps, les ordonnances contre les filles de joie & la rigueur avec laquelle on les exécutoit d'abord, excita quelque fermentation. On arrêtoit ces malheureuses jusques dans les rues & sur les quais & ponts de cette Capitale: on poussoit même la *barbarie* au point de les prendre à la sortie des spectacles du Boulevard; le tout sans distinction de rang. On les conduisoit chez le Commissaire du quartier qui leur faisoit raser la tête en sa présence, & on les menoit de-là à l'hôpital nommé la Salpêtriere. On respectoit seulement celles qui étoient assez opulentes pour avoir au moins *la voiture au mois*. On rapporte à ce sujet une aventure assez plaisante arrivée à la Marquise de *St......* qui demeure sur les Boulevards du temple, & dont l'hôtel est l'un des rendez-vous les plus fréquentés des *amateurs*. Cette Dame, ci-devant Mlle. *M.*, fille d'un Limonadier, puis danseuse, puis entretenue, puis auteur, puis Marquise enfin, s'est ingérée de venger l'*honneur du Corps*. Pour cet effet, comme elle se promenoit le soir à pied sur le Boulevard avec tout l'attirail de l'élégance de ces Dames, elle a défendu à son laquais de la suivre & lui a recommandé de marcher assez loin d'elle, pour qu'elle pût donner lieu à une méprise. Ce qu'elle desiroit est arrivé, & voilà la Marquise conduite chez le Commissaire, prête à être rasée. On l'interroge : Allons, dit l'homme noir qui sortoit de table, ton nom, ta demeure, & ne barguigne pas. -- (la Marquise a de l'esprit) Ah ! M. le Commissaire, vous êtes bien dur au pauvre monde ! -- Tu plaisantes, je crois. -- Non, M. le Commissaire; mais mon nom... Dispensez-moi ! -- Comment, que je te dispense ? mais je crois qu'elle se moque de moi ! Allons, rasez-moi vîte cette drôlesse. --- On alloit exécuter l'ordre, lorsque la Marquise s'étant fait connoître, a fini cette scene par recommander au Magistrat subalterne un peu plus de discernement, de circonspection & de douceur dans l'exercice de son ministere. Dieu sait si la leçon a opéré.

Madame la Maréchale *D*** s'intéressoit pour de pauvres gens auxquels il étoit question de faire avoir un entrepôt de sel & de tabac qui dépendoit de *M****, Fermier général. Elle attendoit depuis deux heures dans l'anti-chambre du traitant, qui étoit remplie de laquais. Le Duc de *Nivernois* qui étoit à parler à l'homme de finance, sortant de son cabinet, témoigna sa surprise à la Maréchale de la voir attendre en si mauvaise compagnie : „ Oh, lui „ dit-elle, je suis bien ici, je ne crains „ pas ces Messieurs, tant qu'ils sont en- „ core Laquais. „ Il faut savoir que le pere du Fermier général l'avoit été.

La guerre ôtoit aux Courtisannes, les Anglois & les Militaires ; les Financiers avoient bien d'autres affaires que de penser à elles, il ne leur restoit pendant ce temps que les Robins. Malheureusement la prodigalité n'est pas le vice de ceux-ci. Une de nos Actrices qui souffroit plus que toute autre de la disette, s'est avisée d'un expédient assez ingénieux. Elle prend un carrosse drapé, deux grands laquais, & se donne pour une Comtesse de Province qui vient visiter son cher cousin M. *Harpagon*. Le Richard qui étoit un homme de la fange, tressaille d'aise d'être avoué par une femme de qualité : l'intrigante avoit des notions sur la famille du prétendu parent. On entre dans des détails, dans des éclaircissemens ; mon cher cousin par-ci, mon cher cousin par-là ; la cousine étoit tous les jours dans la maison du Plutus ; enfin elle parvient à lui faire un emprunt considérable ; elle engage le sot à venir chez elle prendre des arrangemens; mon vilain qui étoit aussi avare qu'entêté de noblesse vole au rendez-vous. Quand il est nécessaire de dénouer la farce, la Dame dit avec toutes les graces connues sur la scene : -- Mon cousin, c'est assez long-temps jouer la comédie, embrassez votre cousine, & de bon cœur ; elle n'a pas l'honneur de dater d'une antique noblesse, encore moins de vous appartenir, mais elle brûle de vous témoigner sa reconnoissance : c'est ainsi qu'une actrice s'acquitte ; il faut que nous soupions ensemble, & je vous payerai cette nuit vos contrats en bons effets de Cythere. Le Richard ouvre les yeux, il veut faire le méchant... Point de bruit, mon cher, vous aurez du plaisir pour votre argent. *Harpagon* vit qu'il falloit en passer par cette espiéglerie, & en galant homme il se résigna.

La femme de l'Académicien *Marmontel* a mis au monde à sa premiere couche un enfant mort. Les mauvais plaisans ont dit que cet auteur ne peut rien faire qui vive.

Plusieurs Savans se trouvoient réunis chez M. *Duclos*. On y célébroit le génie encyclopédique de l'auteur de la Henriade. Oui, dit d'abord un Jurisconsulte, cela n'est pas douteux, M. de *Voltaire* est également versé dans la poésie, l'histoire, la physique, les belles-lettres, les mathématiques, la médecine, l'histoire naturelle, &c. C'est dommage qu'il soit un peu foible sur la jurisprudence : oh ! il faut convenir qu'il n'y entend pas grand'chose : mais c'est une bagatelle, & cela n'empêche pas qu'on ne puisse dire qu'il est universel. Un mathématicien regrette ensuite qu'il ait voulu s'essayer dans les mathématiques ; un historien, qu'il ait écrit l'histoire, un médecin qu'il ait parlé de médecine, un théologien de matieres théologiques, &c.; & le refrein de chacun est toujours, que dans les genres étrangers à celui qui parle,

M. de *Voltaire* est un *génie universel*. A la fin, on se regarde les uns les autres; on se met à rire & M. *Duclos* recommande le secret à tous les assistans.

Un homme qui avoit passé sa vie & dépensé une partie de sa fortune à former une riche & curieuse collection de médailles est mort à *Marseille*. Son héritier, Apothicaire qui ne connoissoit rien hors la casse & le séné, a trouvé fort singulier que son cher Parent ait rassemblé une si grande quantité de liards n'ayant plus de cours : il a fait fondre tout ce cuivre & il en est résulté un superbe mortier qui décore beaucoup plus utilement sa boutique.

Deux Soldats du régiment des Gardes se battoient avec une égale fureur ; on les sépare, le guet approchoit, le peuple croit les devoir lâcher pour qu'ils puissent se soustraire par la fuite à la peine qui leur étoit préparée : les Soldats de concert, quoique blessés tous deux, prenant chacun leur sabre dans les dents, se jettent à la nage, traversent la riviere, & à peine arrivés à l'autre bord recommencent le combat. L'un des deux est resté sur la place. On ignore le sujet de la querelle ; s'il est légitime, il faut avouer que cet exemple est bien propre à prouver que nous n'avons pas entiérement dégénéré de la valeur de nos ancêtres.

La *Montenſier*, directrice de la comédie de Versailles avoit fait nombre d'impertinences ; un ordre du Roi est venu la claquemurer dans une prison : la premiere chose qui lui est échappée lorsqu'elle s'est vue renfermer. « N'aurai-je aucune so- » ciété, a-t-elle dit, & le Roi ordonne- » t-il absolument que je couche seule ? » Le Roi a été le premier à rire de cette saillie effrontée, les Ministres en ont ri aussi, mais ils ont cru devoir venger le respect dû à la Majesté, en retenant quelque temps prisonniere la lubrique commédienne ; elle a pourtant obtenu sa grace & est revenue à sa place de Directrice.

Un Parvenu qui n'étoit jamais monté en voiture que dans la charette qui l'avoit amené à Paris, fit une fortune subite dans une affaire de finance. Ses jambes si robustes jusqu'alors, ne peuvent plus supporter la fatigue des longues courses de la capitale. Il lui faut un carrosse ; le plus fameux sellier est appelé. -- M. je veux une voiture dans le plus nouveau goût : quelle couleur, M.? -- La plus nouvelle..... A chaque queſtion du ſellier, toujours la même réponſe. --- Mais, M. quelles armes mettrai-je! --- Tout ce qu'il y a de plus nouveau, continue à répondre le parvenu, qu'on n'appelle plus maintenant que M. *tout nouveau.*

Une circonſtance fort ſinguliere a rendu plus plaiſante encore la premiere repréſentation d'une piece fort gaie qui a été miſe ſur le théâtre de *Nicolet.* Cette piece eſt intitulée : *Le titre ne me revient pas*, & ſon principal objet eſt de déchirer impitoyablement quelques états de la ſociété, que les auteurs dramatiques ſont en poſſeſſion de tourner en ridicule. Une femme qui avoit vu une répétition de cette eſpece de *farce*, y mena un grave procureur de qui elle vouloit tirer une petite vengeance, & qui par événement y joua un rôle ſans le ſavoir. Elle le fit aſſeoir à côté d'un homme vêtu en noir & coëffé d'une perruque conforme au coſtume du palais, que le procureur prit pour un confrere & qui n'étoit autre qu'un acteur placé là *ad hoc.* Les deux voiſins firent bientôt connoiſſance & lierent converſation pendant le premier acte où les procureurs ſont accomodés de toutes pieces. Au moment où son rôle l'exigeoit, le faux procureur se leve avec un air de fureur, en criant à l'acteur qui étoit sur la scene, qu'il *étoit impudent d'apostropher aussi malhonnêtement une classe de Citoyens estimables tels qu'étoient les Procureurs*, &c. Le véritable suppôt de Thémis, entiérement la dupe de ce faux zele, tire son prétendu confrere par la manche en le suppliant de ne pas faire d'éclat & lui dit tout bas : *Croyez-moi, Monsieur, laissez cela là* L'acteur saisissant adroitement la circonstance se retourne d'un air d'humeur en lui repliquant à haute voix : *Vous croyez, Monsieur, qu'il faut laisser cela là, & moi je pense le contraire* ; pendant qu'il continuoit sa tirade aux acteurs, notre pauvre procureur se démenoit d'une maniere étrange, & le seul peut-être qui ne fut pas dans le secret, donnoit à rire à toute la salle par les efforts qu'il faisoit pour arrêter son tumultueux voisin & empêcher qu'il ne fît une esclandre. Enfin il ne fut désabusé que lorsqu'après une scene contre les meûniers, il parut à l'ouverture de la voûte au milieu de la salle, un acteur habillé en meûnier qui joua un rôle semblable à celui du faux procureur.

Le guet accourt un jour sur les cris :

Au voleur, au voleur, dont retentissoit une petite rue. *Le voilà, ce Coquin*, dit une espece d'ouvrier ivre, *Arrêtez-le*. On cherche par-tout & l'on ne trouve personne : on lui demande à quel endroit --- Eh là, dit-il en montrant l'ombre d'une borne occasionnée par un reverbere. Le sergent qui s'apperçut de la méprise, dit avec ce ton poli qui est ordinaire aux gens de son espece : *Vilain sac à vin, allez-vous coucher. Vous mériteriez qu'on vous fît coucher au châtelet -- De quoi te plains-tu, eh, Monsieur le soldat ?* dit l'homme ivre ; *eh bien, il n'y a pas grand mal à tout cela. Est-ce qu'il n'est pas permis à un Bourgeois de Paris d'avoir peur ?*

La Veuve d'un Officier qui avoit ramassé avec beaucoup de soins & de dépenses une grande quantité de titres intéressans, a vendu cette collection au Roi moyennant une pension annuelle. Les arrangemens de M. *Necker* le Directeur général des finances ont reculé d'une année le paiement de cette pension. La malheureuse Veuve se trouvant dans le plus grand embarras, avoit inutilement essayé d'obtenir une exception en sa faveur. On lui a conseillé d'écrire une lettre touchante à

Mad. *Necker;* elle en a reçu cette réponse. « Je suis au désespoir, Madame, de ne pouvoir vous être utile. Dès le moment que mon mari a été honoré de la confiance du Roi, il a exigé de moi, que je ne le sollicitasse jamais pour personne. Je m'étois jusqu'à présent soumis à cette loi, en applaudissant au motif qui l'avoit dictée; elle me paroît trop dure depuis que j'ai reçu votre lettre & je regrette infiniment qu'il ne me soit pas permis de me joindre à vous, pour obtenir ce que vous desirez. » Le lendemain, la Veuve reçoit une lettre de M. *Necker,* où il annonce que pour la dédommager du retard de payement de sa pension, le Roi lui accorde une gratification égale à l'année qui reste en arriere.

L'Intendant de*** s'est avisé d'envoyer chercher un Capitaine de Dragons qui parloit, dans les lieux publics, du gouvernement, & sur-tout de M. l'Intendant, avec une liberté tout-à-fait républicaine. L'Officier après bien des difficultés se détermina à se rendre à l'audience de M. l'Intendant. Du plus loin que celui-ci le vit, il lui cria avec insolence devant tout le monde : *Ah, ah! Monsieur, c'est donc vous qui prétendez donner des loix aux Magis-*

trats, au Souverain, aux Ministres; qui faites le bel esprit dans les caffés! --- *Moi*, dit l'Officier, *moi, bel esprit? pas plus que vous, le diable m'emporte.* Il lui tourna sur le champ les talons & toute l'audience eut bien de la peine à ne pas éclater de rire.

Dans l'une de nos grandes villes de Province où ce sont les Officiers Municipaux qui tiennent la police du spectacle, un de ces Messieurs manda un jour un musicien & lui fit des reproches sur sa négligence. Le pauvre diable lui demanda avec timidité quels étoient les griefs qu'il avoit contre lui, ou si on lui avoit porté des plaintes. -- Oh! je n'ai besoin de personne, Monsieur, j'ai des yeux, & je vois bien que vous vous reposez la moitié du temps pendant que les autres violons jouent. --- Mais je ne joue pas du violon, Monsieur. -- Vous mentez, je vous en ai vu un. --- Je vous demande pardon, je joue de la quinte. --- De la quinte! de la quinte! Ne faites pas l'insolent, croyez-moi, & qu'il ne vous arrive plus de rester les bras croisés quand les autres jouent, comme vous avez fait hier dans l'opéra. -- Ah! Monsieur, je comptois mes pauses. --- Qu'est-ce que c'est, Monsieur? compter

ter des pauses, conter des gaudrioles ! --- Mais non, Monsieur, il y avoit un *tacet allegro* &... --- Comment ? comment ? *tacet allegro* ! Je crois que vous me tenez des propos ; en prison. --- Mais, Monsieur.... --- En prison, vous dis-je ! Ah ! je vous apprendrai à vous moquer d'un homme en place.

Un Capitoul assistoit à une représentation des *Femmes vengées*, opéra-comique un peu licentieux que le parterre redemanda à l'acteur qui venoit annoncer. L'Officier municipal s'opposa à ce qu'on donnât une seconde fois cette piece *indécente*. L'acteur revint annoncer *Beverley*, piece *en vers libres*, de M. Saurin --- Comment, s'écria le vertueux Capitoul, *encore une piece en vers libres, tandis que c'est pour cela que je vous interdis les Femmes vengées ! Relâche au théatre pour huit jours.*

Un Vieillard allant faire une visite, tombe en apoplexie dans le fiacre qui le conduisoit. Le cocher arrivé à l'endroit qui lui avoit été indiqué, appelle inutilement son Bourgeois ; il s'apperçoit de l'état où il est & crie au secours ; une grande affluence de gens inutiles entoure bientôt la voiture selon l'usage. Un des spectateurs après avoir fixé le malade s'élance sur lui en poussant des sanglots & en s'écriant que c'étoit son pere. *Cocher, dit-il en montant avec vivacité dans le carrosse, je te payerai bien, mene-moi ventre à terre au logis de mon pere, pour que je lui fasse donner les secours instans dont il a besoin...* Il lui nomme une rue fort éloignée. Arrivé à la destination, le cocher ne trouve plus que le mourant. Le fils prétendu, après l'avoir volé, s'étoit évadé dans un moment où la course avoit été ralentie par un embarras.

Un Particulier au parterre de l'Opéra, voulant regarder l'heure ne trouva point sa montre dans son gousset : il ne douta pas qu'on ne la lui eût volée sur le champ, & regardant fixement tout près de lui un homme d'assez mauvaise mine, il lui dit : *Monsieur, rendez-moi ma montre, ou je vous fais arrêter.* L'homme en question s'approche de lui & lui dit tout bas : *Tenez, Monsieur, la voilà, ne me perdez pas.* Le particulier de retour en sa maison est tout étonné de voir sa montre qu'il avoit oubliée à sa cheminée, & de s'en trouver une autre dans la poche.

On a écrit de *Marseille* le trait singulier que voici. Un Collecteur des tailles envoye son fils porter de l'argent au Receveur, qui résidoit dans une ville voisine. Le jeune homme ne reparoît plus. Le Collecteur fait toutes les perquisitions possibles pour découvrir son fils, & c'est inutilement. Après un mois d'attente vaine, un de ses amis lui dit que le Curé savoit bien ce qu'étoit devenu le jeune homme; il va trouver le Pasteur qui lui annonce seulement que son fils a été assassiné & volé, & que son cadavre est caché dans un bois sous des feuilles à tel endroit. Le pere s'informe quel est l'assassin : le Curé assure qu'il ne peut le déclarer. Le lendemain le Collecteur armé d'un pistolet menace le Curé de lui brûler la cervelle s'il ne lui nomme le meurtrier. Le Pasteur effrayé le nomme. La justice instruite de cet événement fait le procès au Curé, & le Parlement d'Aix le condamne à être brûlé pour avoir révélé des secrets confiés sous le sceau de la confession, &, ce qui paroîtra le plus étonnant de cette affaire, c'est que le meurtrier a été par le même arrêt déchargé de toute accusation & renvoyé absous.

Un Ambassadeur étranger entretenoit

ici une fille charmante qui aux graces de la beauté réunissoit toutes les qualités personnelles. L'Ambassadeur étoit fort riche & fort amoureux; & ce qui est contre l'usage, la nymphe n'abusoit ni de son amour ni de son opulence. Aussi il ne trouvoit d'heureux momens que ceux qu'il passoit auprès d'elle. Un beau soir d'Eté, les planetes brilloient au ciel, & sur-tout celle de *Vénus* éclipsoit les autres par son éclat. Ah mon Dieu ! dit la nymphe, que cette étoile est brillante ! il n'y a point de diamant qui approche de cela. -- Ah ! ma chere amie, dit l'Ambassadeur, je vous demande en grace, ne vantez pas tant cette étoile, je ne peux point vous la donner.

Un Gentilhomme allant à cheval de *Blaye* à Bordeaux, fut attaqué par un homme masqué qui lui demanda la bourse, le pistolet à la main. Le Gentilhomme faisant semblant de chercher sa bourse, prit un pistolet de poche & le tira contre le voleur, mais il manqua son coup. Le voleur fit aussi-tôt un mouvement pour lui brûler la cervelle : mais il s'arrêta & demanda une seconde fois la bourse au Gentilhomme qui la lui remit. Elle contenoit plus de soixante louis. Le voleur

en prit douze & rendit le reste au Gentilhomme, en lui disant qu'il recevroit de ses nouvelles avant trois mois, s'il vouloit lui dire son nom & son adresse. Quelque temps après, le Gentilhomme reçut un paquet contenant une boîte d'or avec ce billet. ,, Un honnête voleur qui vous a
,, pris douze louis, vous prie de recevoir
,, cette boîte. Vous avez voulu le tuer ;
,, vous lui auriez épargné un crime & bien
,, des remords; cependant il ne méritoit
,, point de périr ni par la main d'un hon-
,, nête homme ni par celle du bourreau,
,, & c'étoit pour faire une action bien
,, généreuse qu'il en faisoit une si infame. ‘‘

En Suede le pere d'un jeune homme âgé de quinze ans avoit été condamné à perdre la vie pour avoir prévariqué dans un poste important. Son fils n'en fut pas plutôt informé qu'il alla se jetter aux pieds du Juge & le conjura d'accepter l'offre qu'il faisoit de mourir à la place de son pere. Le Magistrat questionna beaucoup le jeune homme pour savoir si c'étoit de son propre mouvement qu'il parloit de la sorte. Quand il se fut bien assuré de la sincérité de ses sentimens, il en écrivit au Roi qui dépêcha un courier pour porter la grace du pere & un titre d'honneur pour le fils:

mais celui-ci refusa constamment cette distinction, disant que le titre dont il seroit décoré rappelleroit sans cesse au public le souvenir de la faute de son pere. Le Roi touché jusqu'aux larmes d'un exemple d'amour filial porté si loin, voulut avoir à sa cour ce jeune homme. Il en prend un soin particulier & l'a fait secrétaire de son cabinet. On assure que son mérite personnel soutenu par la faveur du Roi peut le conduire très-loin.

Un filou s'étoit introduit dans la chambre de plusieurs clercs de Notaire qui étoient sortis : n'ayant rien trouvé que du linge & des habits, il s'étoit déterminé à les emporter *plutôt que de rentrer au logis les mains nettes.* En descendant, comme il étoit parvenu au premier étage, le Notaire qui sortoit de son appartement demanda au voleur, en l'appercevant chargé d'habits, d'où il venoit. Celui-ci sans se déconcerter, lui dit qu'il étoit dégraisseur & que Messieurs ses clercs lui avoient donné leurs habits pour en enlever les taches & les nettoyer. Quoi ! dit le Notaire, vous êtes dégraisseur : venez donc avec moi voir un habit de velours tout neuf sur lequel un domestique a répandu un peu d'huile. Le faux dégraisseur assure le Notaire qu'il enleveroit tout de manière qu'il n'y paroîtroit pas ; il emporta l'habit de velours, que vraisemblablement le Notaire ne reverra jamais.

L'opéra, Bachus & l'amour ont perdu au commencement de l'année derniere, une de leurs plus fameuses prêtresses : Mlle. *La guerre.* Née dans la derniere classe de la société, cette fille célebre en avoit conservé les goûts & les défauts dans la prospérité. Jureuse, Buveuse, &c., que peut-on penser des hommes qu'elle a ruinés, dépouillés & chassés ? Elle avoit des talens, sa figure étoit intéressante, sa voix douce & sonore : elle a joué quelques rôles, tels qu'*Euridice* & *Iphigénie* avec applaudissement.

Mlle. *La guerre* avoit fait un seul enfant. Elle étoit trop au-dessus des foiblesses de l'humanité pour s'en occuper plus que de son pere & de sa mere : le premier qui avoit oublié son nom pour le sobriquet transmis à sa fille, vendoit des cantiques dans les carrefours ; l'autre alloit offrant dans les promenades *le plaisir des Dames* (*) métier dans lequel il s'en falloit

---

(*) C'est sous ce nom que les Marchands d'Oublies ou de *Croquet* annoncent leur marchandise.

bien qu'elle se fût enrichie autant que sa fille en se livrant au *plaisir des hommes*. Le sort qui a enlevé dès l'âge de 28 ans Mlle. *La guerre*, à la carriere qu'elle parcouroit glorieusement, & la loi qui donne son opulente succession à ces pauvres diables, bien étonnés d'être si riches, les a dédommagés de l'insouciance de leur fille à leur égard, mais la destinée du malheureux enfant est aussi incertaine que le pere auquel il doit le fâcheux présent de l'existence.

La tragédie des *Brames* n'a eu que deux représentations. Est-ce le Public ou l'auteur qui l'ont voulu ainsi? Je n'en sais rien: ce que je sais, c'est que la seconde représentation étoit déserte & que le lendemain, M. de la Harpe a dit & écrit que *des circonstances particulieres l'engageoient à retirer sa tragédie des* Brames.. *qu'il remercioit le Public des applaudissemens dont il avoit honoré son ouvrage, &c.* Il n'est pourtant point *particulier* à M. de la Harpe de faire de méchantes pieces, & il est trop honnête de *remercier* les gens qui ont été bien payés pour claquer la sienne. De méchantes gens ont rapporté comme un jugement irrévocable, ce calembour échappé à un homme d'un tact sûr, lors de la premiere représentation : *Si les* Brames *réussissent, les Brames tombent* (les bras me tombent.)

ABRÉGÉ

DE L'HISTOIRE DE PSALTERION,

FAMEUX CRITIQUE ARABE,

Traduit du Turc, par M. D. L. H.

La naissance de *Psalterion* est semblable à l'origine de ces grands fleuves qui commencent par une source obscure. Si l'on s'en rapporte aux discours de *Psalterion*, il descend d'une famille noble, depuis long-temps établie dans un pays limitrophe de l'Arabie : mais si l'on en croit la tradition la plus généralement adoptée, il ne doit le jour qu'à l'accouplement clandestin d'une cuisiniere & d'un soldat invalide de Médine. De cette union naquirent trois enfans qui ne furent légitimes que par la suite. L'aîné fut celui dont on écrit ici la vie, un autre qui fut précepteur dans une pension & une fille qui fut mariée à un vitrier de la Mecque. On assure même que, lorsque *Psalterion* vit le jour, sa mere étoit si pauvre que pressée par les douleurs de l'enfantement, elle le mit au monde au milieu de la rue dont il porte le nom. Le principal d'un college, situé dans la même rue, témoin de cette catastrophe, ne put voir sans compassion l'état déplorable de la mere & de l'enfant. Après avoir assisté cette femme pendant ses couches, il lui procura, lorsqu'elle fut rétablie, une place de gouvernante dans la maison qu'il dirigeoit, & se chargea du soin d'élever l'enfant. Ce fut pour cette famille un véritable pere. Il ne cessa de l'aider dans tous les temps. Lorsque *Psalterion* eut atteint l'âge de sept à huit ans, le bon Derviche lui fit donner une bourse dans son college & veilla lui-même à son éducation. En grandissant, le jeune éleve annonça quelques dispositions précoces qui acheverent d'intéresser le vieillard à son sort : mais le bon Derviche démêla avec douleur dans son jeune protégé un penchant invincible pour la satyre, que la douceur des représentations & la sévérité des corrections ne firent qu'accroître encore. Lorsqu'à sa sollicitation, les condisciples du petit Boursier, riches pour la plupart, lui donnoient des secours, on remarquoit déjà en lui un fond de vanité, d'insolence & d'ingratitude qui depuis se développerent si bien

& le rendirent si fameux. Quelque bien dont on l'accabla, on ne parvint jamais, tout jeune qu'il étoit, à arracher de son ame le moindre sentiment de reconnoissance. Il sembloit même que les bienfaits qu'il recevoit, étoient pour lui des titres d'arrogance & d'orgueil. Lorsque le cours de ses études fut achevé, son vieux bienfaiteur ne le perdit point de vue & ne cessa de le secourir. Mais le petit *Psalterion* paya ses soins paternels par une satyre très-plate & très-méchante. Il en fit courir des copies dans tous les colleges. On fut si indigné de ce procédé que malgré le vieillard, on obtint un ordre pour le faire enfermer dans une maison de force. Loin d'être humilié de cette correction, il composa dans sa prison de petits vers dans lesquels il exaltoit sa belle ame & sa fermeté. L'indignation l'avoit fait séquestrer, un mouvement plus humain le fit élargir; malgré la gravité de ses fautes, on ne crut point devoir désespérer de sa jeunesse à laquelle on les attribuoit. On lui rendit la liberté; le vieillard lui pardonna : mais bientôt de nouveaux outrages le forcerent de l'abandonner totalement. Quand *Psalterion* se vit maître de ses actions, il se livra sans frein à son goût tyrannique pour la satyre. Il préludoit déjà par de petits libelles anonymes contre ſes amis, contre ſes bienfaiteurs, au grand rôle qu'il devoit jouer un jour. Il ſuffiſoit de l'obliger; pour y obtenir une place. Tandis que d'une main il décochoit en ſecret les traits les plus envénimés contre un critique juſtement célebre, nommé *Norſer*, de l'autre il mendioit ſon ſuffrage en lui adreſſant les plus baſſes adulations. Un jeune homme nommé *Torad* s'étoit fait connoître dans l'Arabie par des poéſies pleines d'eſprit & d'agrément. Il fut inſtruit des beſoins urgens de *Pſalterion*, il alla lui offrir des ſecours de la maniere la plus obligeante. *Pſalterion* les accepta & vécut même long-temps à ſes dépens. Mais ſuivant ſa coutume, dans ſes diſcours & ſes écrits, il n'épargna pas plus ce dernier bienfaiteur qu'il avoit épargné les autres. *Torad* haſarda au théâtre un eſſai qui ne réuſſit point. *Pſalterion* lui perſuada qu'il étoit capable d'y faire des corrections qui rendroient la ſeconde repréſentation plus favorable. *Torad* le crut & lui abandonna ſon manuſcrit. En fidele hiſtorien, je ne dois point omettre ici une anecdote aſſez ſinguliere. *Pſalterion* chargé de corriger la piece de *Torad*, alla s'enfermer dans ſa chambre & recommanda à ſon hôteſſe de ne laiſſer entrer perſonne. Un particulier se présenta pour voir *Psalterion*; l'hôtesse exécuta les ordres qu'elle avoit reçus. Le particulier insista, en assurant à la bonne femme que *Psalterion* lui avoit donné rendez-vous & qu'il étoit chez lui. *Eh bien, Monsieur, repartit l'hôtesse, puisqu'il faut vous le dire, M.* Psalterion *est occupé à refondre cette mauvaise piece qui est tombée hier & pour n'être pas interrompu, il a défendu sa porte.* C'étoit *Torad* lui-même qui venoit communiquer à son ami quelques nouvelles idées qui lui étoient survenues. Quoi qu'il en soit, la tragédie ne fut pas mieux accueillie à la seconde représentation qu'à la premiere. *Psalterion* en fit secrétement l'extrait qu'il envoya à un des quinze mille Journaux de l'Arabie. Il y maltraita beaucoup & la piece & l'auteur, & ne cita avec éloge que les morceaux qu'il y avoit ajoutés. Il voulut enfin s'essayer lui-même sur différens sujets. Les comédiens rejetterent ses essais. A force de bassesses, il parvint à en faire accepter un. *Torad* instruit de sa conduite à son égard, se réfroidit entiérement & rompit avec lui. *Psalterion* étoit alors sans ressource, il étoit même dans un tel délabrement qu'il n'osoit paroître. Ses amis se cottiserent & le mirent en état de se montrer avec plus de décence. Vêtu par la libéralité de ses amis, il se méconnut sur le champ. Il affecta même dans les lieux publics de ne pas saluer ceux à qui il étoit redevable de sa brillante métamorphose. Enfin sa piece obtint les honneurs de la représentation. Les connoisseurs ne trouverent dans cet essai que des imitations de pieces connues, une versification seche & ampoulée, un plan mal digéré, & une intrigue sans intérêt, mais la multitude ne vit que la jeunesse de l'auteur & accueillit son ouvrage avec indulgence. Dès ce moment *Psalterion* se crut le premier homme de la littérature. La tête lui tourna. Il n'ouvrit la bouche que pour témoigner sa profonde estime pour lui-même & son profond mépris pour ses concurrens. Il osa même dire un jour publiquement en leur présence, qu'il ne seroit point flatté d'être à la tête des écrivains de ce temps-là. Un homme d'esprit lui repartit sur le champ, qu'il n'avoit qu'à se mettre à la queue. Il n'y eut point de ressorts qu'il ne mit en œuvre pour exagérer le foible mérite de son drame. Il en composoit lui-même des extraits qu'il faisoit insérer dans les Journaux. Il eut l'audace de s'y comparer aux plus grands maîtres de la scene. Il fit mieux; à la clôture du spectacle qui a lieu à l'approche du Ramazan, il est d'usage qu'un des comédiens prononce un discours pour remercier le public. *Pſalterion* compoſa lui-même ce discours, où après avoir traité aſſez durement les nouveautés qui avoient paru dans l'année, il s'arrêta avec complaiſance ſur l'éloge de ſon drame, qu'il élevoit comme un chef-d'œuvre rare. On fut indigné contre le comédien qui paroiſſoit s'arroger ainſi le droit de déſigner les rangs. Le grand *Eriatlov* préſidoit alors à la littérature. Une ſeule de ſes lettres ſuffiſoit pour procurer aux jeunes gens débutans une eſpece de réputation. Le petit *Pſalterion* ne manqua pas de lui dédier ſon eſſai. La réponſe d'*Eriatlov* fut polie & encourageante. *Pſalterion* en fit courir des copies. Malgré l'ennui qu'on éprouvoit à la repréſentation & à la lecture de cet ouvrage, tant d'éloges multipliés que l'auteur lui-même en répandoit avec profuſion, en impoſerent à la multitude qui en ignoroit la ſource. Pluſieurs jeunes gens ſans expérience & la foule des ſots furent quelque temps les dupes de ce manege. *Pſalterion* s'imagina bonnement mériter l'encens qu'il ſe prodiguoit ſi libéralement. Il affectoit de mettre une diſtance immenſe entre lui & le reſte des écrivains dont pluſieurs valoient à tous égards infiniment mieux que lui. Ces derniers, loin de s'applaudir de cette ſéparation, & de rire d'une vanité si ridicule, eurent la bonhommie de se fâcher contre un pareil original. Le produit de sa piece lui fournit pendant quelque temps les moyens de satisfaire sa vanité. Il se donna des habits, il se procura des plaisirs; persuadé que rien ne devoit résister à son mérite, il entreprit de séduire la fille d'un honnête marchand; il réussit. La jeune fille céda à sa passion. Cette foiblesse eut des suites. Dès que *Psalterion* s'en apperçut, il résolut de l'abandonner : mais un des freres de la nouvelle Ariane, alla le trouver & lui proposa deux partis. *Psalterion* choisit le moins dangereux, il épousa. Ce fut à peu près dans ce temps que sa mere réduite à la plus affreuse indigence tomba malade. Elle lui demanda quelques secours. Non-seulement il eut la barbarie de les lui refuser, mais il eut encore la dureté de la laisser mourir dans un hôpital. Il ne daigna même pas aller la voir une seule fois.

Le premier succès qu'il avoit obtenu, lui fit croire ses productions à l'abri du naufrage. Il avoit tant de confiance en ses talens qu'il composa plusieurs tragédies avec *une facilité entraînante*. Il en fit représenter quatre ou cinq, tantôt sous son nom & tantôt sans se nommer. Toutes furent sifflées également. Malgré le fond de vanité inépuisable qui lui restoit, tant de disgraces accumulées le mirent au désespoir. Il étoit déterminé à quitter la carriere dramatique ; il étoit tenté d'embrasser la profession d'avocat. Sans appui, sans ressource, il ne savoit plus de quel côté tourner. Il ne voyoit qu'une affreuse perspective devant lui. Il avoit beau se tourmenter, rien ne s'offroit à lui.

L'empire littéraire en Arabie étoit divisé par deux partis. D'un côté, on voyoit quelques littérateurs isolés dont plusieurs avoient des talens distingués. Sans brigue, sans fortune, ils gémissoient en silence de la décadence des lettres & s'efforçoient de faire revivre dans leurs écrits les principes de la saine littérature & le goût des modeles antiques. De l'autre, on remarquoit des sophistes impudens, assez médiocres pour la plupart, mais fortement ligués ensemble. A force de se louer exclusivement les uns les autres, ils étoient parvenus à se donner réciproquement une réputation très-étendue avec des ouvrages assez ennuyeux. Ils se disoient hautement les précepteurs des Souverains, les législateurs du monde, en un mot, les savans universels. Par les systêmes erronés qu'ils avoient répandus, ils avoient séché les fleurs de l'éloquence & de la poésie. Avec des louanges souvent assez grossieres, ils avoient séduit la plupart des hommes en place & des femmes à la mode. Parmi leurs protecteurs, ils comptoient des Ministres, des Généraux, & même des Souverains. Le grand *Eriatlov* qui au fond du cœur les méprisoit, s'étoit mis à leur tête. Ils l'avoient choisi pour chef. *Eriatlov* les connoissoit trop dangereux pour ne pas les ménager. Sa prodigieuse célébrité leur donnoit une consistance que les intrigues ne leur auroient jamais procurée. Ils avoient si bien approfondi l'art de cabaler qu'ils disposoient à leur gré des réputations, des places, des dignités littéraires. Un écrivain n'avoit rien à espérer sans leur appui. Les succès mêmes les plus constatés devenoient nuls. Ils jouissoient d'un crédit immense. On devine aisément pour lequel des deux partis se déclara le petit *Pfalterion*. Il se jetta tout-à-coup à travers les combattans & s'annonça pour un des plus ardens apôtres de la secte. Dans ses petits écrits, il vanta avec emphase tous ceux dont le crédit pouvoit lui être utile & calomnia avec insolence tous ceux dont il n'attendoit rien. Le parti apperçut avec plaisir, dans le nouvel adepte, une confiance aveugle, une vanité intrépide, une audace à toute épreuve qui pouvoient lutter avec avantage contre les ennemis communs. On le jugea digne d'être admis dans la secte & on l'initia dans les mysteres les plus cachés. Il ne s'agissoit plus que de mettre entre ses mains une arme dont il put se servir journellement pour la défense du parti : un Libraire avoit obtenu le privilege du journal, sans contredit, le plus mauvais & le plus répandu de l'Arabie. On lui proposa *Psalterion* pour Aide de camp. Il marqua de la répugnance. Tous les Rabins du parti redoublerent leurs sollicitations ; le Libraire, quoique d'ailleurs homme foible & dévoué à la secte, tenoit toujours bon : enfin on pressa le grand *Eriatlov* d'écrire en faveur du petit *Psalterion*. *Eriatlov* persécuta le marchand, à tant de reprises & si vivement que le bon homme, fatigué de tant d'importunités, n'eut pas la force de résister plus long-temps. Il consentit à prendre à ses gages le petit *Psalterion*. Dès que celui-ci se vit appuyé & qu'il eut la facilité de disserter publiquement une fois par mois, il se crut l'arbitre des talens, le dispensateur de la renommée. Il s'adressoit à la Capitale, aux Provinces, aux Royaumes étrangers, à la postérité. Du haut de son petit tribunal, il s'imaginoit juger la littérature en dernier reſſort. Il avoit la ſottiſe de prendre ſes déciſions pour des oracles, ſon impudence pour de la nobleſſe, ſes injures pour des épigrammes, ſes chutes pour des triomphes, ſon orgueil pour du génie & ſes dédains pour de la ſupériorité. Donnant le ton à quelques cotteries qui avoient eu la bonté de le ſouffrir, il ſe perſuada le donner au monde entier, comme un régent de college prend l'univerſité pour l'univers. Malheur à l'écrivain ſans intrigue & ſans fortune dont les talens offuſquoient ſa petite vanité! Malheur à ceux en qui il ne ſoupçonnoit pas la haute opinion qu'il vouloit qu'on eût de ſes talens. Il les humilioit avec inſolence; il rendoit de leurs écrits le compte le plus infidele; il s'efforçoit de les tourner en ridicule. Il cachoit avec malignité les beautés qu'il ne pouvoit pas dénigrer. Il les faiſoit ſiffler dans les petits comités ſophiſtiques & par les petits garçons qu'il endoctrinoit. Il s'appéſantiſſoit très-longuement ſur chaque ſyllabe de leurs ouvrages. Il aſſuroit avec un front d'airain que leurs productions n'étoient lues de perſonne & que même leurs noms étoient totalement ignorés. De petits écoliers répétoient en échos les arrêts de *Pſalterion* dans tous les caffés. Ils crioient par-tout qu'il étoit un grand homme. Ce fameux critique se livroit à ses haines, à ses jalousies personnelles avec un acharnement, une indécence qui révoltoient même les plus indifférens. *Torad* à qui il avoit eu jadis les plus grandes obligations, fut précisément celui qu'il tourmenta le plus. Avec un pareil penchant, *Pfalterion* eût été le critique le plus dangereux, s'il eût reçu du ciel le talent de la plaisanterie. Mais il étoit si lourd, si sec, si tranchant, il avoit tant de morgue que même quand il avoit raison, ce qui lui arrivoit quelquefois, il avoit toujours l'air d'avoir tort. Le grand *Eriatlov*, qu'une foule de chef-d'œuvres avoit rendu l'oracle de l'Arabie, avoit la foiblesse de porter envie à tous les talens qui avoient quelqu'éclat. Le petit *Pfalterion*, pour lui complaire, se crut obligé de lui immoler ce qui faisoit ombrage au célebre vieillard. En conséquence il traita avec mépris les deux *Reauffou*, *Nocreille*, *Becrillon*, *Ronpi*, *Pongnampi*, &c. &c. Cette conduite fut moins un effet de sa reconnoissance que le besoin de céder à l'impulsion de son naturel pervers, & l'envie de mettre *Eriatlov* & ses amis, dans ses intérêts. Il nourrissoit sur-tout secrétement l'espoir de forcer *son papa grand homme*, c'est ainsi qu'il appelloit le vieil

Eriatlov, à lui laisser en mourant une partie de sa fortune qui étoit immense. Aussi ne laissa-t-il jamais une occasion de lui prodiguer les adulations les plus basses. Il affectoit pour lui un dévouement si aveugle qu'il fut surnommé dans l'Arabie le Seyd de ce Mahomet. De son côté, *Eriatlov* pour le payer de ses soins, n'épargnoit point les éloges les plus outrés. Le petit *Psalterion* avoit composé sur un sujet très-intéressant, un drame très-froid, sottement conduit, & écrit du style le plus lâche & le plus plat. Les membres du parti sophistique le lui faisoient lire dans toutes les maisons de l'Arabie. A chaque vers ils battoient des mains & des pieds, ils crioient au miracle! sur leurs décisions les femmes ne pouvoient en entendre la lecture sans avoir la *chair de poule*. Elles fondoient en larmes. *Eriatlov* qui mieux que personne apprécioit cette informe ébauche, ne rougit pas de la placer au rang des chef-d'œuvres de la nation. Il osa même comparer le petit *Psalterion* à l'immortel *Enicra*, le plus élégant, le plus harmonieux, le plus touchant des poëtes de l'Arabie. *Psalterion*, suivant sa coutume, en rendit compte dans son Journal. *Ce drame*, disoit-il modestement, *assez loué par les applaudissemens de l'Asie*, est l'un des ouvrages les plus touchans qu'on ait faits dans le genre dramatique & du très-petit nombre des ouvrages de génie qu'on ait produits depuis quarante ans. Il est vrai, les chefs de la secte, après avoir élevé ses ouvrages dans les sociétés, étoient presque toujours forcés par le cri public de les abandonner à l'oubli. Mais ils étoient trop assurés d'être proclamés exclusivement dans son Journal, les apôtres de la sagesse, les héros de la littérature, d'y être distingués comme une *classe d'hommes qui honorent la nation & la représentent chez l'étranger*, pour ne pas faire passer leur intrépide apologiste, dans les cercles, dans les caffés, dans leurs lettres particulieres, pour l'oracle de la littérature, pour l'homme de goût par excellence. Avec ce manege, ils donnoient à ses petites décisions une prépondérance qui les élevoit sur le pavois de la renommée & terrassoit leurs adversaires. Une tyrannie si injuste, un despotisme si criant révolta le reste des écrivains contre le *fameux* homme de *goût*. Pour le dédommager du mépris général & des humiliations qui en sont les suites, ils le gratifierent pendant dix ou douze ans de tous les prix d'éloquence & de poésie que distribuoit chaque année la premiere société littéraire de l'Arabie. Quoiqu'il ne fut ni éloquent ni poëte ; à les en croire, c'étoit toujours un nouveau chef-d'œuvre qu'on alloit voir éclore ; ils le diſtinguoient de ſes concurrens avec une affectation ſi marquée que le public fut bientôt dans le ſecret, & ce public ne trouvoit dans toutes ſes productions annoncées avec emphaſe, que des déclamations fort ſeches & des poéſies ſans feu, ſans verve & même ſans goût. *Pſalterion* ſecondoit de ſon mieux les efforts de ſes prôneurs : dans le Journal auquel il avoit part. Il ſe préconiſoit ſans pudeur. S'agiſſoit-il d'une de ſes pieces de vers couronnées ? c'étoit, ſelon lui, une douceur, une harmonie & ſur-tout une énergie qu'on ne trouvoit nulle part. Etoit-il queſtion d'un écrit en proſe ? *Tous les genres d'éloquence ſe trouvoient réunis dans cet ouvrage.* Etoit-ce une de ſes phraſes ? il s'écrioit auſſi-tôt : *Voilà la période arabe dans toute ſa beauté. Voilà le ſtyle des grand maîtres.* Lui échappoit-il une tournure obſcure & ampoulée, comme par exemple, *s'entourer de la conſternation ?* il diſoit tout ſimplement que *c'étoit une de ces expreſſions qu'on appelle trouvées, mais qu'il n'y avoit que le ſentiment qui les trouvoit.* Après des éloges auſſi exagérés, on brûloit de lire l'ouvrage :

ge : on étoit tout étonné de ne pouvoir l'achever. Il tomboit des mains. Plus le mécontentement général éclatoit & plus le parti l'accabloit d'éloges & de couronnes. Ses prôneurs crurent par cette obstination en imposer à la multitude & subjuguer enfin l'opinion de la nation. Mais tous les ans, les juges & le triomphateur étoient bernés par les connoisseurs & par les Journalistes. Le célebre *Norfer*, le plus redoutable de leurs antagonistes, démontroit à chaque fois les bévues grossieres de l'ouvrage couronné & l'aveugle prédilection de l'aréopage. Lorsqu'on la leur reprochoit, ils s'excusoient par un mensonge. Ils soutenoient avec cette assurance qui persuade, parce qu'elle a l'air de ne douter de rien, que les écrits de *Pfalterion* étoient ce qu'ils avoient trouvé de mieux, & que sans contredit il étoit le coriphée des écrivains modernes. Quelqu'un des concurrens avoit-il le courage de réclamer contre leur injustice ? on lâchoit après lui tous les dogues & toutes les caillettes du parti. On étouffoit ses cris, s'il étoit seul. On tâchoit de l'appaiser, s'il étoit soutenu. On répandoit par-tout, que sa piece étoit détestable. On le faisoit passer pour un homme sans mœurs & sans talens. Le public affez incrédule pour les éloges, fe laiffe plus aifément prévenir par les dénigremens; fur-tout fur des objets peu intéreffans pour lui. Douze hommes qui s'entendent bien parviendront facilement à calomnier un écrivain ifolé. Malgré les plaintes continuelles, malgré les réclamations & les critiques qu'il effuyoit de tous les côtés, *Pfalterion* fe crut un génie du premier ordre, à-peu-près comme un enfant qu'on éleve par-deffous les bras, fe croit plus grand que ceux qui le portent. Le public s'efforçoit en vain, tantôt avec indignation, tantôt avec malignité, de le remettre à fa place; il fe regardoit toujours comme le phœnix des beaux efprits.

Au tort de préconifer celui qu'on appelloit leur enfant gâté, la fecte ajouta un nouveau tort qui acheva de les perdre dans l'efprit des honnêtes gens. Depuis un fiecle, un Souverain de l'Afie avoit fondé dans l'Arabie, une fociété compofée de quarante lettrés les plus diftingués de la nation. Ç'a été long-temps une dignité que les écrivains envifageoient comme une récompenfe due au mérite & à la vertu. Depuis quelques années la brigue s'y étoit gliffée. Les fophiftes qui s'en étoient emparés, en fermoient continuellement la porte à tous ceux qui n'étoient point enrôlés sous leurs drapeaux. Ce n'étoit plus qu'un tripot avili par la cabale. Le moindre grimaud qui leur étoit dévoué, pouvoit y prétendre. Par cet espoir, ils grossissoient leur parti de la moitié des littérateurs. Par le choix qu'on avoit fait de plusieurs hommes médiocres ou obscurs, il sembloit qu'on avoit voulu préparer le dernier coup qu'on alloit porter à cet honorable établissement. Il y avoit une place vacante. Tandis que plusieurs écrivains recommandables par de longs travaux, par des succès, par une conduite irréprochable, y étoient appellés par la voix publique, les sophistes élurent, au grand étonnement de l'Arabie, le petit *Psalterion* qui n'avoit pour lui que des chûtes & de l'insolence. Ils avoient invité à cette réception tout ce que l'Asie avoit de plus illustre en hommes & en femmes. Ils voulurent des témoins de son triomphe, ou plutôt du leur. Selon l'usage, *Psalterion* prononça un discours. Il y flatta bassement les grands & s'efforça d'humilier une partie de ses concurrens. Ce discours eut le sort de ses autres ouvrages. Il ennuya. Mais le directeur ayant mêlé adroitement dans sa réponse l'ironie avec la sincérité, toute l'assemblée s'égaya aux dépens du récipiendaire. Ce fut des applaudissemens redoublés, accompagnés d'éclats de rire universels. Un autre que *Psalterion* seroit mort de honte sur la place. Il ne perdit point contenance. Il soutint l'assaut avec une fermeté rare, & ne vit dans cette justice, que la rage de ses ennemis & la victoire qu'il remportoit sur eux. Un avocat célebre, dont les écrits avoient été fort aigrement critiqués par *Psalterion*, venoit de succomber aux complots de ses confreres, que la jalousie avoit armés contre lui. Il avoit été forcé de quitter le barreau. Pour subsister, il avoit créé un Journal qui avoit beaucoup de vogue; il y rendit compte de la réception orageuse & bruyante de *Psalterion*. Il se permit quelques plaisanteries sur le nouvel intru, & quelques réflexions sur l'abus qui s'étoit introduit dans ce lycée. *Psalterion* souleva contre le Journaliste tous les grands qui y étoient admis. Ils se crurent intéressés à venger celui qu'ils avoient la bonté de regarder comme leur confrere. Le jurisconsulte se vit obligé d'abandonner son Journal & sa patrie. Son brave adversaire, non content d'avoir eu la cruauté de lui enlever la seule ressource qui lui restoit, eut encore la bassesse de se revêtir de ses dépouilles. Il cabala tant & fit tant cabaler, qu'il obtint la rédaction de ce Journal. Ce dernier trait imprima sur lui une tache ineffaçable. Ses partisans, quelques tournures qu'ils prissent, ne purent jamais parvenir à l'en laver. Dans les mains du nouveau rédacteur, le Journal créé par l'avocat, perdit un grand nombre de souscripteurs. Le Libraire voulut faire un autre choix : les sophistes, qui auroient été compromis par un affront qui retomboit sur eux, lui firent entendre qu'il falloit conserver *Psalterion*, & qu'ils feroient si bien, qu'à la longue le Journal reprendroit. Ils avoient beau recourir à leur manege ordinaire, cela ne prenoit plus. Le produit du Journal diminuoit toujours. Le grand *Eriatlov* avoit beau envoyer des extraits, des morceaux ; il avoit beau écrire que pour se former le goût & s'instruire, il falloit ne lire que le Journal de *Psalterion*. Le regne des sophistes étoit passé. On ouvrit les yeux; leurs intrigues furent dévoilées, ils perdirent la confiance, & le Journal eut le sort des tragédies de *Psalterion*. Il tomba.

Bien sûrs d'étendre la gloire du parti,

les sophistes procurerent à leur bien-aimé plusieurs correspondances littéraires que des Souverains de l'Asie lui payoient largement. Comme ces sortes de lettres ne devoient point être publiques, l'ame de *Psalterion* s'y montra sans nuage. Son goût pour la satyre s'y déploya tout entier. Il falloit voir avec quel mépris il parloit de ses concurrens. Ses amis, ses protecteurs, à qui il devoit sa fortune, sa réputation, étoient le plus souvent maltraités dans ses petits libelles clandestins. Son *papa grand-homme*, pour qui il feignoit publiquement une si profonde vénération, n'y étoit pas épargné. Enfin, le hasard fit tomber entre les mains d'un des membres de la secte, ce petit journal secret. Ils reconnurent alors avec horreur le serpent qu'ils avoient reçu dans leur sein. Ils le rejetterent avec indignation. Dès que *Psalterion* fut connu, il devint l'objet de la haine & du mépris des deux partis. Il perdit son Journal, ses correspondances, ses places. Ses protecteurs le chasserent, ses amis l'abandonnerent; il se retira à la campagne & y finit ses jours dans la misere, dans l'opprobre & dans l'obscurité.

(Cette satyre n'a paru que dans une feuille périodique, qui montre à nud les vices & les ridicules du temps actuel. (*la Correspondance littéraire secrete.*) On la dit échappée à la plume d'un homme qui tient un rang distingué dans la littérature. Il seroit superflu sans doute de développer les anagrammes qui n'auront pu arrêter les lecteurs que pendant quelques instans. Ils auront trouvé *Voltaire* dans *Eriatlov*; *Dorat* dans *Torad*; *Freron* dans *Norfer*, &c.)

Fin du Tome premier.

www.ingramcontent.com/pod-product-compliance
Lightning Source LLC
Chambersburg PA
CBHW050318170426
43200CB00009BA/1366